Atlas

de

Photomicrographie

des

Plantes Médicinales

PUBLICATIONS DES MÊMES AUTEURS

Dr L. BRÆMER

Documents pour l'histoire géologique des Pyrénées, traduits de l'allemand (*Bull. Soc. Hist. Nat.*, Toulouse, 1885, 1886, 1887).

L'Origine et le développement des tissus animaux, d'après Hæckel, 1887.

La fonction chlorophyllienne (*Ann. Inst. Agronom.*, Lyon, 1880).

L'Origine des hydrates de carbone dans les plantes (*Bull. Soc. Hist. Nat.*). Toulouse, 1887.

L'Œuvre de Boussingault en physiologie végétale (*Bull. Soc. Hist. Nat.*). Toulouse, 1888.

Du rôle physiologique des tannins. Toulouse, 1887.

Un nouveau réactif histochimique des tannins. Toulouse, 1889.

Les Tannoïdes. In-4°, 180 pages. Toulouse et Lyon, 1890-1891.

Réactions histochimiques de l'hespéridine (avec 1 planche). Besançon, 1893.

Sur la localisation des principes actifs des Cucurbitacées. In-8°, 60 pages et 7 planches, Toulouse, 1893.

L'Enseignement pharmaceutique en Allemagne, en Suisse, en Autriche-Hongrie (*Bull. Soc. Pharm. S.-O.*, 1887, 1888, 1890).

L'Histoire de l'enseignement de la médecine (*Revue critique*, 1891).

L'Œuvre de Flückiger. Toulouse, 1893.

Introduction historique et bibliographique à la matière médicale. Toulouse, 1888.

Caractères microscopiques des poudres officinales de feuilles. Toulouse (avec 2 pl.), 1892.

Les méthodes pharmacographiques (*Bull. Soc. Pharm. S.-O.*). Toulouse, 1893.

Les drogues simples du Codex et des pharmacopées étrangères. Toulouse, 1894.

Les plantes médicinales de l'Afrique (*Bull. Soc. Pharm. S.-O.*). Toulouse, 1895.

Les poivres de Guinée (*Bull. Soc. Pharm. S.-O.*) Toulouse, 1895.

Les plantes utiles du Congo (*Bull. Soc. Pharm. S.-O.*). Toulouse, 1895.

La flore et les produits végétaux du Congo (*Bull. Soc. Pharm. S.-O.*). Toulouse, 1896.

Les plantes médicinales des colonies françaises (*Bull. Soc. Pharm. S.-O.*). Toulouse, 1896.

Les produits coloniaux (*Note préliminaire*). (*Bull. Soc. Pharm. S.-O.*) Toulouse, 1898.

Dr A. SUIS

Cours de splanchnologie, par Ad. Charpy. Leçons recueillies par A. Suis.

Les centres nerveux (1 vol. 270 pages, avec figures. Montauban, 1889.

Organes génito-urinaires (1 vol. 344 pages, avec figures. Toulouse, 1890).

Contribution à l'étude du foie des poissons (1 vol. in-4°, 48 pages, avec figures. Toulouse, 1891).

De la pucciniose chez les animaux domestiques (*Gazette hebdomadaire*, juillet 1893).

Cours de zoologie médicale (rédigé d'après les leçons de M. L. Roule. 1 vol. in-8°, 640 pages, avec figures. Toulouse, 1889. — 2e édition, 1895).

Analyse microscopique des urines (avec figures. Toulouse, 1893).

Atlas

de

Photomicrographie

des

Plantes Médicinales

par

Dʳ L. BRÆMER   &   Dʳ A. SUIS

Professeur
de Matière médicale

Chargé de Cours,
Chef des travaux de Micrographie

à la Faculté de Médecine et de Pharmacie de l'Université de Toulouse.

76 planches en similigravure

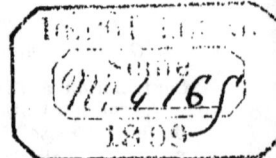

PARIS

VIGOT FRÈRES, ÉDITEURS

23, PLACE DE L'ÉCOLE-DE-MÉDECINE

1900

Avant-propos

Depuis quinze ans que nous suivons les élèves aux travaux pratiques de micrographie, nous sommes frappés de la difficulté qu'ils éprouvent à identifier les coupes qu'ils examinent au microscope avec les dessins qui sont destinés à figurer ces coupes dans les ouvrages didactiques consacrés aux plantes médicinales. Cette difficulté s'explique par ce fait que le dessin, même le plus exact, n'est et ne peut être qu'une représentation plus ou moins approchée de la réalité.

La photographie, au contraire, fournit une image absolument semblable à l'objet. Cet art appliqué à la micrographie, donne des coupes microscopiques une impression plus vraie, plus fidèle que les dessins les plus parfaits.

L'étude anatomique des *plantes médicinales* constitue une méthode précieuse pour établir l'identité des drogues simples d'origine végétale.

Pour faciliter la détermination, nous avons décrit et reproduit, la plante médicinale entière, ou au moins les organes dont nous avons figuré et expliqué les coupes microscopiques.

Celles-ci sont reproduites à un grossissement, variant selon les besoins, entre 150 et 250 diamètres.

Le texte qui les accompagne a été volontairement réduit à une histoire succincte de la plante et à une description rapide des microphotographies.

Les plantes décrites et figurées ont été groupées en cinq séries par organes similaires.

SÉRIE   I. — **Amidons.**
SÉRIE II. — **Racines, Rhizomes et Tubercules.**
SÉRIE III. — **Tiges, Écorces et Bois.**
SÉRIE IV. — **Feuilles.**
SÉRIE   V. — **Fruits et Graines.**

Dans la *photomicrographie*, on se heurte à des obstacles nombreux dont la plupart peuvent être surmontés, grâce à un outillage approprié et des connaissances techniques qui ne s'acquièrent que par une longue pratique.

Aussi cet *Atlas* nous a-t-il coûté plusieurs années de travail.

De leur côté, nos Éditeurs n'ont pas hésité à s'imposer de lourds sacrifices pour donner aux reproductions de nos clichés un cachet artistique sans en altérer la vérité scientifique. Nous sommes heureux de leur en exprimer ici notre gratitude.

Eux et nous avons fait de notre mieux pour donner aux étudiants en médecine et en pharmacie, aux aspirants aux Certificats de botanique et des sciences physiques et naturelles (P. C. N.) un guide utile et pratique.

Toulouse, le 31 juillet 1899.

Division de l'ouvrage

PREMIÈRE SÉRIE

AMIDONS.

Les amidons utilisés en médecine se distinguent les uns des autres par leurs formes et leurs dimensions. (Pl. 1.)

AMIDON DE BLÉ. — *Triticum sativum* Lam. — (Graminacées.)
Ses grains discoïdes sont caractérisés par un noyau central et l'absence de stries. Ils sont de deux sortes : les uns ne dépassent guère 6 μ de diamètre ; les autres atteignent 30 μ.

En raison de leur configuration discoïde, leur forme varie selon qu'ils sont vus sur la tranche ou de face : dans le premier cas, ils apparaissent linéaires ; dans le second, régulièrement elliptiques. (Pl. 1, fig. 1.)

SAGOU. — Cette fécule est retirée du tronc de plusieurs palmiers des Indes, principalement du *Sagus Rumphii* Wild. et du *Sagus farinifera* Gœrtn.

Obtenue par lavage comme tous les autres amidons, cette fécule est, en outre, séchée sur des plaques de tôle chauffées. Elle se présente agglomérée en petites sphères d'apparence cornée de la grosseur d'une tête d'épingle (sagou perlé). Ces opérations altèrent la forme des grains qu'elles transforment partiellement en empois.

Pulvérisés et examinés au microscope, ils se présentent sous la forme de masses ovalaires à faces tronquées, à stries peu apparentes courant régulièrement autour d'un noyau excentrique. Souvent de petits grains viennent coiffer les angles tronqués des gros grains.

Le diamètre moyen est de 5o µ., mais ses dimensions, très variables, oscillent entre 20 et 6o µ.. (Pl. **1**, fig. 2.)

Sous le nom de Sagou artificiel ou indigène, le commerce présente la fécule de pomme de terre agglomérée en perles.

Cette substitution est décelée par l'examen microscopique.

FÉCULE DE POMME DE TERRE. — Cette fécule, retirée des tubercules du *Solanum tuberosum* L. (Solanacées), se différencie par les dimensions considérables de ses grains.

Ceux-ci sont ovoïdes, à noyau excentrique autour duquel s'ordonnent régulièrement les couches d'accroissement marquées par les stries apparentes.

Le diamètre atteint, en moyenne, 8o à 100 µ., mais peut varier entre 5o et 15o µ.. (Pl. **1**, fig. 3.)

Pl. 1.

Fig. 1. — Amidon de blé.

Fig. 2. — Sagou.

Fig. 3. — Fécule de Pomme de terre.

Racines, Rhizomes, Tubercules.

RHIZOME DE FOUGÈRE MALE.

La Fougère mâle, — *Nephrodium Filix-mas* Rich. — *Polystichum* Roth., ou encore *Aspidium Filix-mas* Sw. — (Polypodiacées), se rencontre dans les bois des régions tempérées. (Pl. **2**, fig. 4.)

Sous forme d'un cône d'une dizaine de centimètres de long et d'une épaisseur moitié moindre, de couleur brune, la drogue est constituée par le rhizome sur lequel restent insérées les bases d'une vingtaine de frondes entremêlées de radicelles et d'écailles scarieuses. (Pl. **2**, fig. 5.)

A l'état frais, sous lequel la Fougère mâle doit être employée, les bases des frondes offrent une section à contour arrondi de couleur verte.

La coupe d'une de ces bases montre : un *épiderme* doublé d'un *hypoderme* sclérifié et de couleur brune ; un *parenchyme fondamental* à cellules arrondies au sein duquel se comptent de six à dix *faisceaux*. Chacun de ceux-ci est limité par un *endoderme* doublé d'un *péricycle* entourant un *liber mou* et un *bois* concentriques. Les *vaisseaux* du bois sont de section hexagonale, ils offrent sur leurs parois latérales des épaississements linéaires parallèles qui les ont fait appeler *scalariformes*.

Dans les *lacunes* du parenchyme pénètrent des *glandes pédicellées*, véritables poils internes, caractéristiques de la drogue. (Pl. **3**, fig. 6.)

RHIZOME DE CHIENDENT.

Le *Triticum repens* L. ou *Agropyrum repens* P. B. (Graminacées), herbe vivace et rampante, s'est répandu dans les cultures des régions tempérées de l'ancien et du nouveau continent. Son *rhizome* se présente en cordons jaune-paille, noueux, résistants, de 2 à 3 millimètres de diamètre que le commerce offre repliés sur eux-mêmes en paquets d'environ 10 centimètres de long. (Pl. 4, fig. 7.)

L'odeur est nulle, la saveur douce et mucilagineuse.

L'*épiderme*, revêtu d'une cuticule épaisse, est doublé d'un *hypoderme* de trois à quatre rangées de cellules à parois épaissies.

Le *parenchyme cortical*, à cellules arrondies, dépourvues d'amidon, est parcouru par d'étroits faisceaux foliaires. Il est séparé du cylindre central par un *endoderme* dont les éléments ont leur paroi épaissie, de telle sorte que le lumen a la forme d'un U et l'épaississement, qui est latéro-interne, celle d'un fer à cheval.

Les *faisceaux libéro-ligneux*, offrent deux gros *vaisseaux* symétriquement placés. Ils forment deux rangées dont l'extérieure est comme noyée dans un *péricycle* fibreux et dont l'intérieure fait saillie dans un parenchyme médullaire qui, dans les entre-nœuds, fait défaut au centre du rhizome. (Pl. 4, fig. 8.)

Dans le Midi, on substitue au *Triticum repens* L., ou **Chiendent de Paris**, le rhizome du *Cynodon Dactylon* Pers., dit **Chiendent Pied-de-poule**.

Ce dernier se distingue par son diamètre plus considérable, par sa richesse en amidon, par la forme des cellules de l'endoderme aux parois minces, et par ses nombreux faisceaux épars dans le parenchyme central. (Pl. 4, fig. 9.)

FIG. 4. — Fronde.

FIG. 5. — Rhizome de Fougère mâle.

Pl. 2.

Pl. 3.

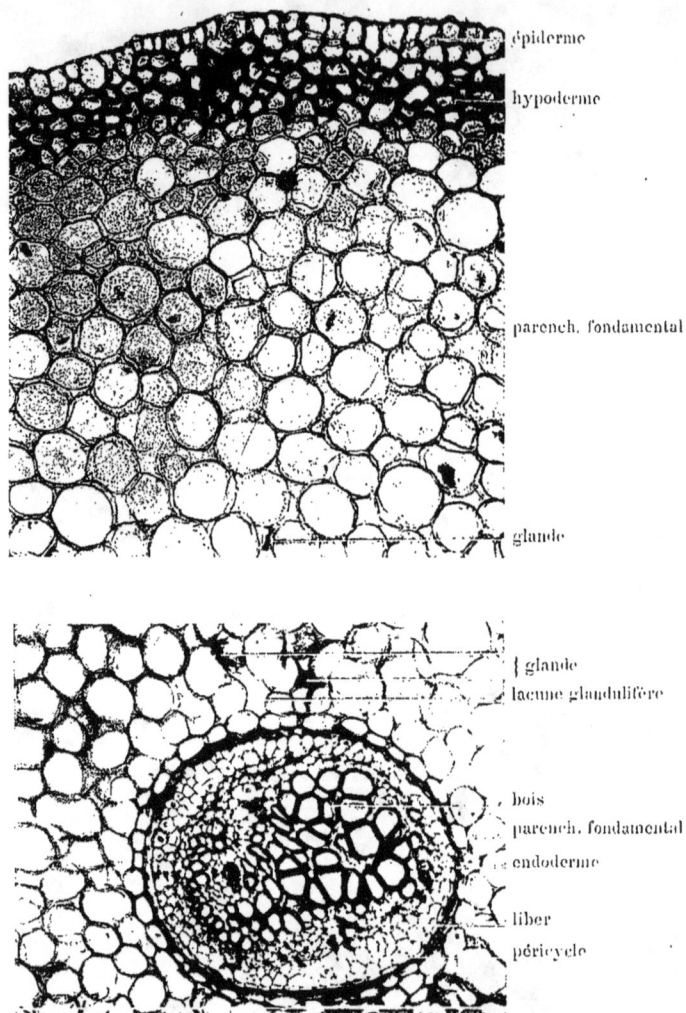

épiderme

hypoderme

parench. fondamental

glande

{ glande
lacune glandulifère

bois
parench. fondamental
endoderme

liber
péricycle

FIG. 6. — Coupe transversale du rhizome de **Fougère mâle.**

Pl. 4.

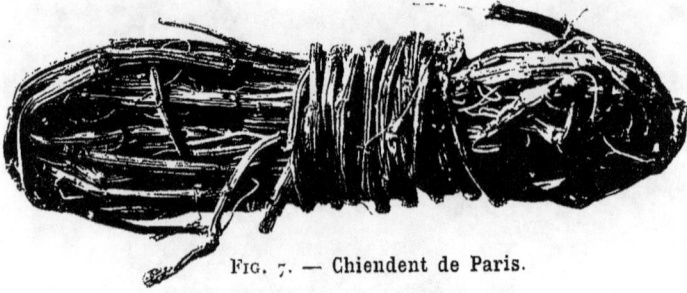

FIG. 7. — Chiendent de Paris.

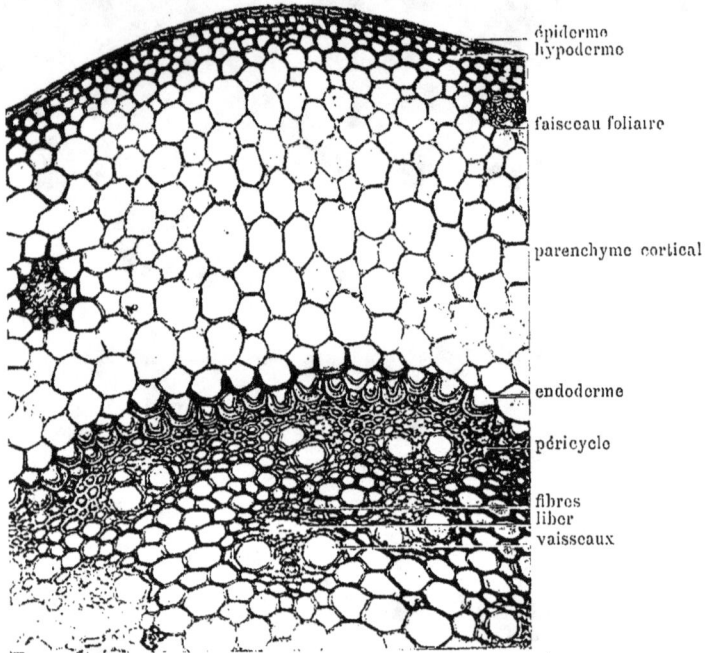

épiderme
hypoderme

faisceau foliaire

parenchyme cortical

endoderme

péricycle

fibres
liber
vaisseaux

FIG. 8. — Coupe transversale du rhizome de **Chiendent de Paris**.

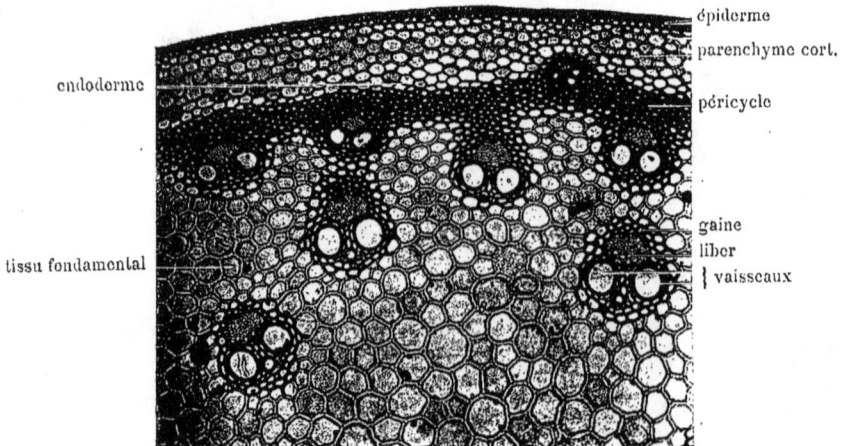

épiderme
parenchyme cort.

endoderme

péricycle

gaine
liber
} vaisseaux

tissu fondamental

FIG. 9. — Coupe transversale du rhizome de **Chiendent du Midi**.

SALSEPAREILLE.

La **Salsepareille,** officinale en France, est originaire de la Cordillère orientale du Mexique ; selon le port d'exportation on la distingue en S. de la Vera-Cruz, de Tuspan ou de Tampico. Elle provient du *Smilax medica* Schl. et Cham. (Liliacées-Smilacées).

Ses longues racines dépassant un mètre, repliées sur elles-mêmes et rattachées à la souche, ont la grosseur d'une plume d'oie ; de couleur gris jaunâtre, à contour fortement sinueux et irrégulier, elles offrent une consistance fibreuse. (Pl. 5, fig. 10.)

Leur saveur, d'abord mucilagineuse et fade, laisse un arrière-goût âcre.

L'assise extérieure est formée de cellules qui se prolongent en poils (*assise pilifère*); elle est doublée par un *hypoderme* (*epiblema* des anciens pharmacographes), à éléments épaissis considérablement sur leurs parois latéro-externes, de sorte que leur lumen excentrique a la forme d'un V renversé.

Les grandes cellules polyédriques à parois minces du *parenchyme cortical* renferment de l'amidon en faible proportion et des cristaux en raphides.

Les éléments de l'*endoderme* («Kernscheide» de Schleiden et des auteurs allemands) offrent un *contour quadrangulaire ;* leur épaississement latéro-interne affecte la forme d'un fer à cheval et leur lumen celle d'un triangle dont le sommet interne est légèrement tronqué et arrondi.

Le *péricycle,* formé de deux à trois assises d'éléments polygonaux à grand axe tangentiel, protège des faisceaux *libériens* constitués entièrement par du *liber mou* alternant avec des *faisceaux ligneux* dont les *vaisseaux* à large lumen sont entourés de *fibres* à parois épaisses et canaliculées.

Le *tissu fondamental* central, relativement peu développé, est constitué par de grands éléments arrondis à parois épaisses et lignifiées. (Pl. 5, fig. 11.)

Un certain nombre d'autres espèces de *Smilax* imparfaitement déterminées fournissent d'autres sortes de Salsepareilles, dénommées d'après leur origine géographique vraie ou supposée et inscrites dans les pharmacopées étrangères (Ex. : S. du Honduras, Ph. Germanique; S. de la Jamaïque, Ph. Britannique). Elles se distinguent par les caractères extérieurs : couleur, diamètre, contour; et les caractères anatomiques, en particulier, par la forme des éléments de l'*hypoderme* et de l'*endoderme.*

Leur plus ou moins grande teneur en amidon les a fait diviser en Salsepareilles maigres et Salsepareilles farineuses.

C'est ainsi que la **Salsepareille du Honduras** est en paquets réguliers formés de racines coupées d'égale longueur. (Pl. 6, fig. 12.)

De couleur brune, tirant sur le rouge, de contour régulièrement arrondi, elles sont farineuses, c'est-à-dire riches en amidon.

Les cellules de leur *hypoderme* offrent un contour ovalaire à pointe interne et un lumen de forme elliptique.

L'*endoderme* est formé de cellules quadrangulaires à parois régulièrement épaissies délimitant un lumen presque carré. (Pl. 6, fig. 13.)

Pl. 5.

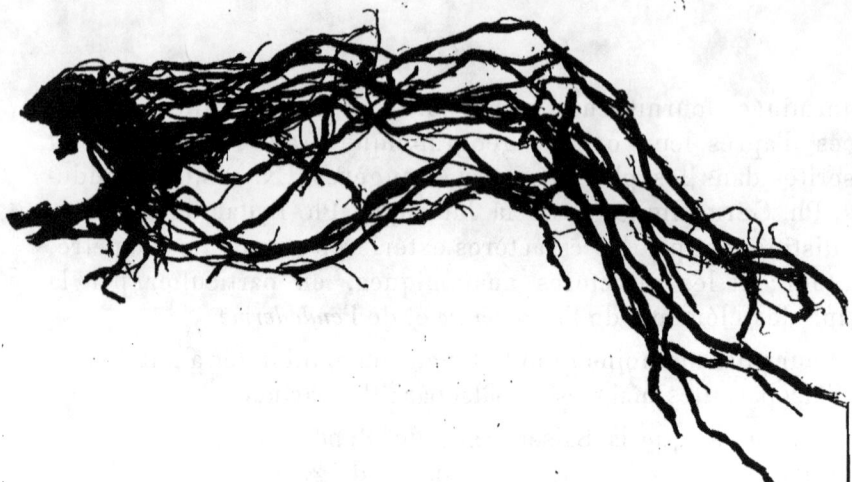

Fig. 10. — **Salsepareille du Mexique**.

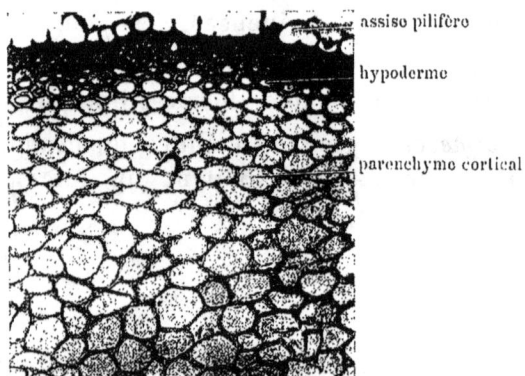

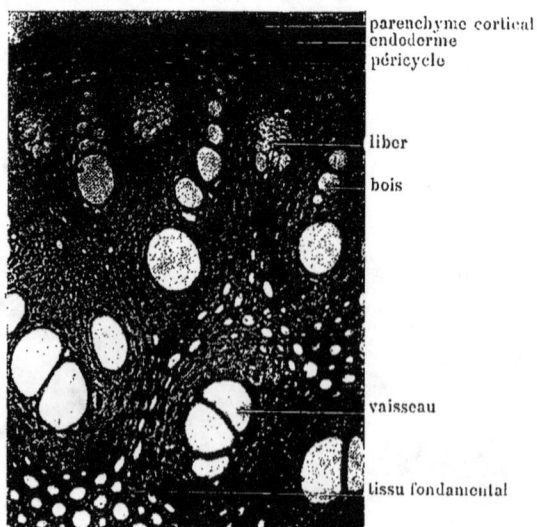

assise pilifère

hypoderme

parenchyme cortical

parenchyme cortical
endoderme
péricycle

liber

bois

vaisseau

tissu fondamental

Fig. 11. — Coupe transversale de la racine de **Salsepareille du Mexique**.

Pl. 6.

Fig. 12. — Salsepareille du Honduras.

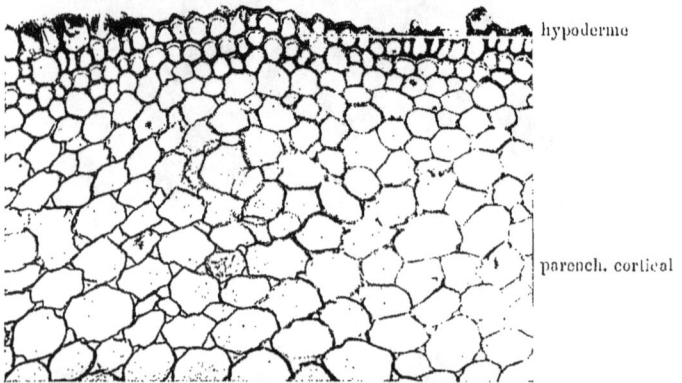

hypoderme

parench. cortical

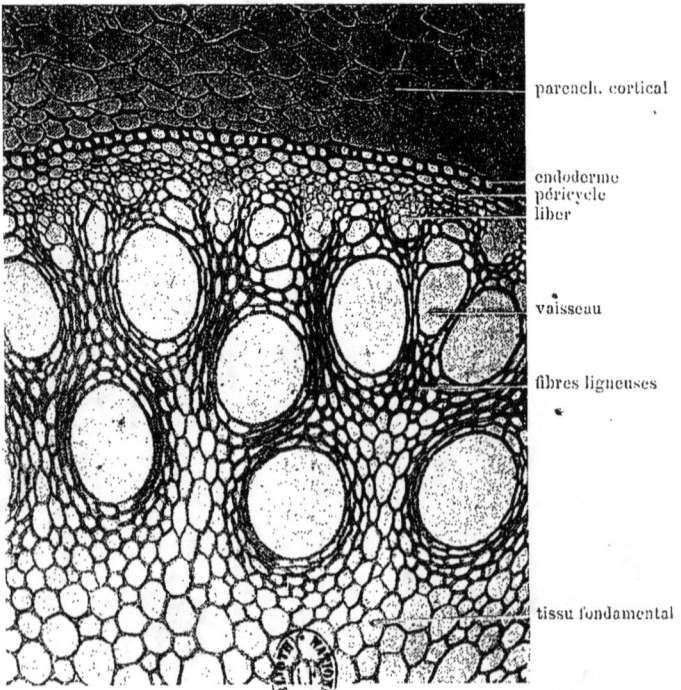

parench. cortical

endoderme
péricycle
liber

vaisseau

fibres ligneuses

tissu fondamental

Fig. 13. — Coupe transversale de la racine de **Salsepareille du Honduras.**

RACINE D'ACONIT.

Plante vivace des montagnes, l'**Aconit** — *Aconitum napellus* L. — (Renonculacées-Helléborées) offre des racines tubéreuses accolées deux à deux par une sorte de court stolon joignant les bases et souvent rompu dans les racines sèches. Reliés ou détachés, ces tubercules napiformes diffèrent en ce que les uns, poreux et même creux, portent à leur sommet un bout de tige ou la cicatrice annulaire que laisse celle-ci, et que les autres sont pleins et coiffés d'un bourgeon flétri.

Ces racines peuvent atteindre jusqu'à 10 centimètres de long, mais ordinairement d'une longueur moitié moindre, elles ont de 1 à 2 centimètres de diamètre à la base. De couleur brune, leur surface ridée est marquée de nombreuses cicatrices blanches et arrondies, traces des radicelles. (Pl. **8**, fig. 15.)

Leur odeur est nulle, la saveur, d'abord faible et douceâtre, laisse une sensation désagréable et persistante de constriction à la gorge.

La surface d'une section, pratiquée au milieu d'un tubercule plein, offre un contour externe sinueux de couleur brune. Elle est divisée par une ligne brisée grise en une portion corticale veinée de gris et en une portion centrale blanche et farineuse. Cette ligne de séparation délimite un polygone irrégulier à angles alternativement rentrants et sortants dont les sommets présentent des coins en forme de V très ouverts à pointe dirigée vers le centre et devenant très visibles par les réactifs colorants.

L'examen microscopique donne l'explication de cet aspect caractéristique.

L'*épiderme* est formé de cellules brunes.

Le *parenchyme cortical*, à grandes cellules tangentielles dont quelques-unes sont sclérifiées, est séparé par un *endoderme* à éléments rectangulaires du *liber* constitué essentiellement par du parenchyme, au sein duquel s'ordonnent, en files radiales et concentriques, des faisceaux de tubes grillagés.

L'*assise génératrice* correspond à la ligne brisée décrite ci-dessus, tandis que les V signalés sont constitués par des *lames vasculaires*. (Pl. **7**, fig. 14.)

HYDRASTIS.

L'*Hydrastis canadensis* L. (Renonculacées) est une herbe vivace des États-Unis de l'Est dont on emploie le rhizome.

Ce rhizome, muni de plusieurs bouts de tige et de nombreuses radicelles très fines, atteint environ 5 centimètres de long sur 5 millimètres de diamètre. Anguleux ou contourné, alternativement étranglé et renflé, il est ramifié en deux ou trois branches courtes. (Pl. **8**, fig. 16.)

La cassure cornée est jaune, son odeur aromatique, sa saveur très amère.

La section, irrégulièrement circulaire, offre une zone extérieure brune et une masse centrale jaune verdâtre sur laquelle tranchent des îlots cunéiformes d'un jaune vif.

Le *suber*, coloré en brun, recouvre le *parenchyme cortical* à cellules polygonales.

Les *faisceaux libéro-ligneux* cunéiformes, disposés en cercle autour de la *moelle*, sont de dimensions variables et séparés entre eux par de larges *rayons médullaires*.

Chacun de ces faisceaux est constitué par un *liber* mou et par du *bois* dans lequel on observe des *vaisseaux* et des *fibres*. Ces dernières se rencontrent plus spécialement dans la portion interne. (Pl. **9**, fig. 17.)

Les cellules du parenchyme renferment de l'amidon. Des masses jaunes, solubles dans l'eau, remplissent des cellules isolées ou groupées et notamment un certain nombre de vaisseaux du bois.

Pl. 7.

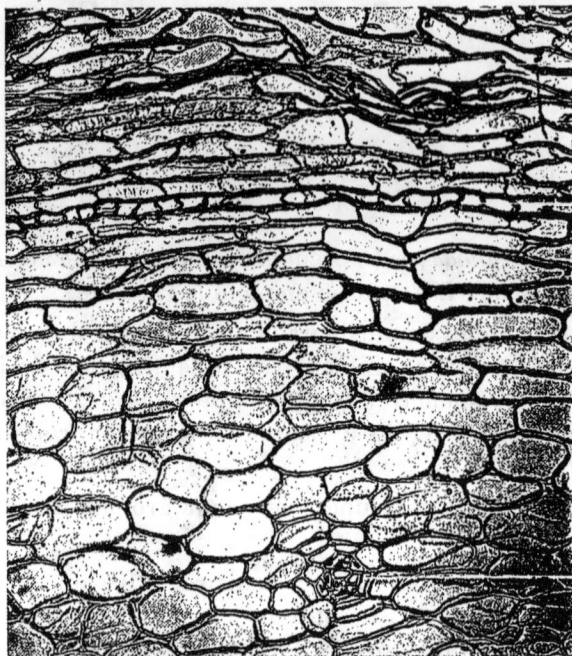

parench. cortical

endoderme

faisceau foliaire

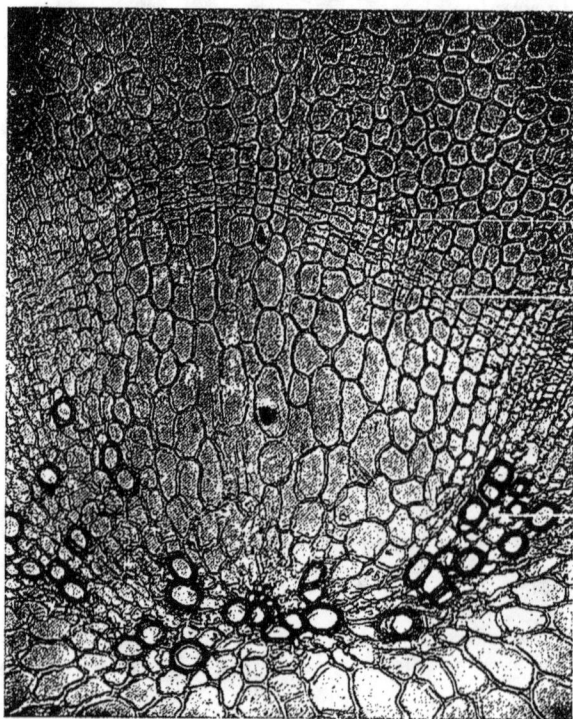

liber

assise génératrice

bois

FIG. 14. — Coupe transversale de la racine d'**Aconit.**

Pl. 8.

FIG. 15. — Racine d'**Aconit**.

FIG. 16. — Rhizome d'**Hydrastis**.

Pl. 9.

suber

parenchyme cortical

liber

rayon médullaire

bois

moelle

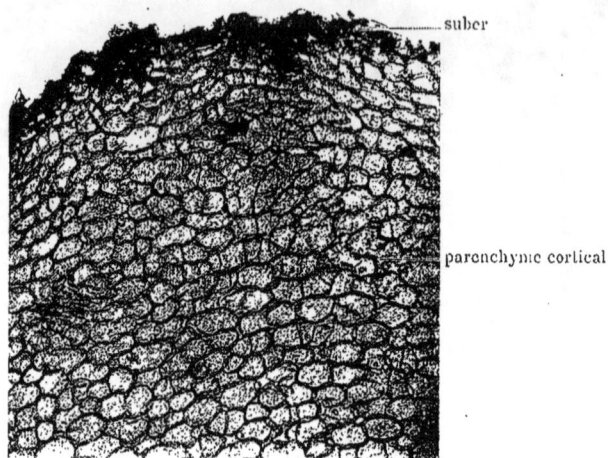

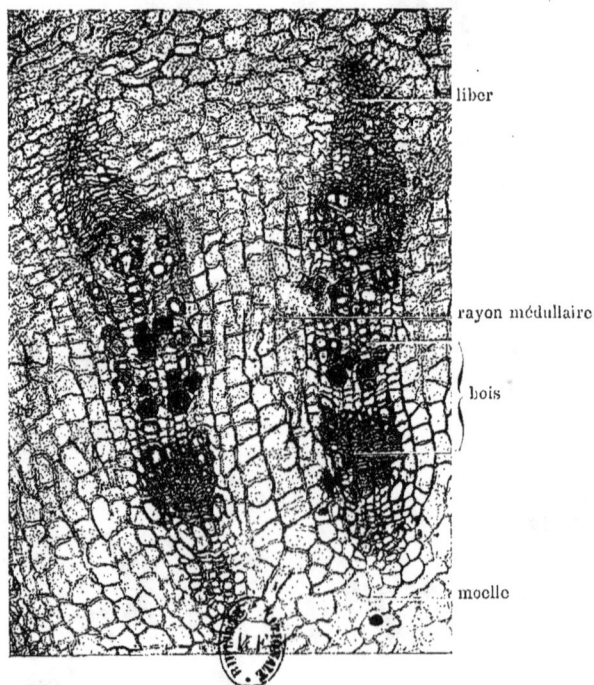

FIG. 17. — Coupe transversale du rhizome d'**Hydrastis**.

COLOMBO.

Sous le nom de **Colombo**, déformation du mot indigène Kalumb, on emploie la racine du *Chasmanthera Calumba* H. Bn. (Ménispermacées), liane de l'Afrique orientale.

Les tubercules radiculaires qui la constituent, arrivent en Europe, découpés en *rouelles* de moins d'un centimètre d'épaisseur.

Le diamètre de ces disques, déprimés au centre et de contour elliptique, varie entre 2 et 6 centimètres. La surface latérale, rugueuse est brune; la cassure est granuleuse et de couleur jaune. (Pl. 10, fig. 18.)

L'odeur est nulle, la saveur très amère. La section transversale offre un aspect typique caractérisé par des zones concentriques qui sont:

un liséré périphérique brun correspondant au *suber*;
un *parenchyme cortical*;
une *moelle* centrale, jaune et farineuse.

L'*assise génératrice*, formant un cercle continu de couleur grise, est traversée par des *faisceaux libéro-ligneux* de même couleur.

Les pointes du *liber* pénètrent assez profondément dans le parenchyme cortical.

Les *vaisseaux* du *bois* offrent un large lumen visible à l'œil nu, diminuant de diamètre de la périphérie au centre.

RATANHIAS.

Le *Krameria triandra* R. P. (Krameriacées) est une plante des montagnes du Pérou. Sa racine, principalement exportée par Payta, est distinguée de ses congénères par les noms de **Ratanhia du Pérou** ou **de Payta**.

Ces racines atteignent 25 centimètres de long et au delà et sont souvent brisées à leur extrémité inférieure. Elles sont constituées par la racine principale et ses branches latérales d'un diamètre variant entre plusieurs centimètres et quelques millimètres. De couleur rouge, la surface rugueuse est plus foncée que le cylindre central. (Pl. 10, fig. 19.)

La saveur astringente appartient principalement à l'écorce.

Celle-ci peut offrir plusieurs couches de *suber* : la couche intérieure détermine souvent l'exfoliation du *parenchyme cortical primaire* à cellules polygonales fortement colorées, de sorte que le cylindre cortical se trouve alors réduit à du *périderme*.

Le *liber* est caractérisé par de nombreux amas de fibres disposés en files radiales.

Le *bois*, parcouru par d'étroits *rayons médullaires*, offre des *vaisseaux* de diamètre variable, isolés au milieu de *fibres* à parois très épaisses. (Pl. 11, fig. 21.)

Sous le nom de **Ratanhia de la Nouvelle-Grenade**, le Codex inscrit la racine du *Krameria Ixina* L., caractérisé par sa couleur violette. (Pl. 10, fig. 20.)

Sa coupe ne diffère de celle du Ratanhia du Pérou, que par le développement relativement plus considérable de l'écorce par rapport au cylindre central et par la rareté des îlots fibreux dans le liber. (Pl. 12, fig. 22.)

Pl. 10.

FIG. 18. — Racine de **Colombo**.

FIG. 19. — Racine de **Ratanhia du Pérou**.

FIG. 20. — Racine de **Ratanhia de la Nouvelle-Grenade**.

Pl. 11.

suber

parenchyme cortical

suber

liber

assise génératrice

bois

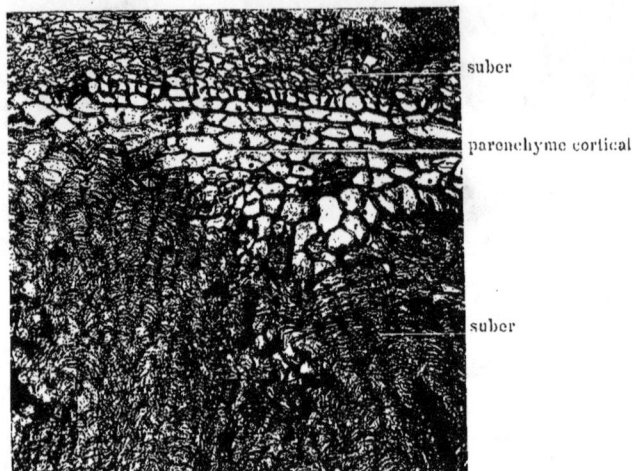

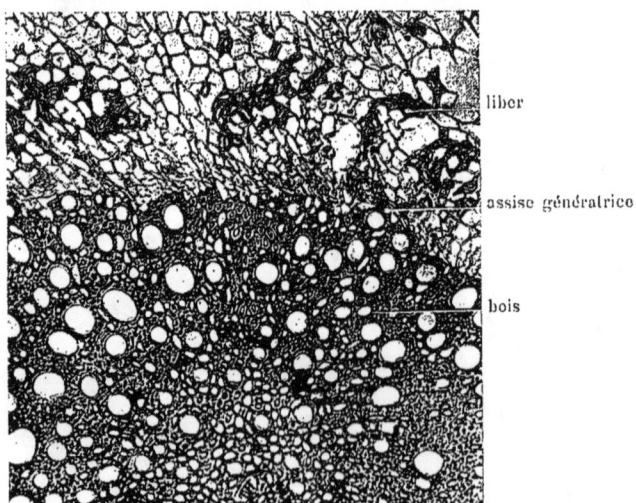

FIG. 21. — Coupe transversale de la racine de **Ratanhia du Pérou**.

Pl. 12.

liber

fibre libérienne

rayon médullaire

assise génératrice

bois

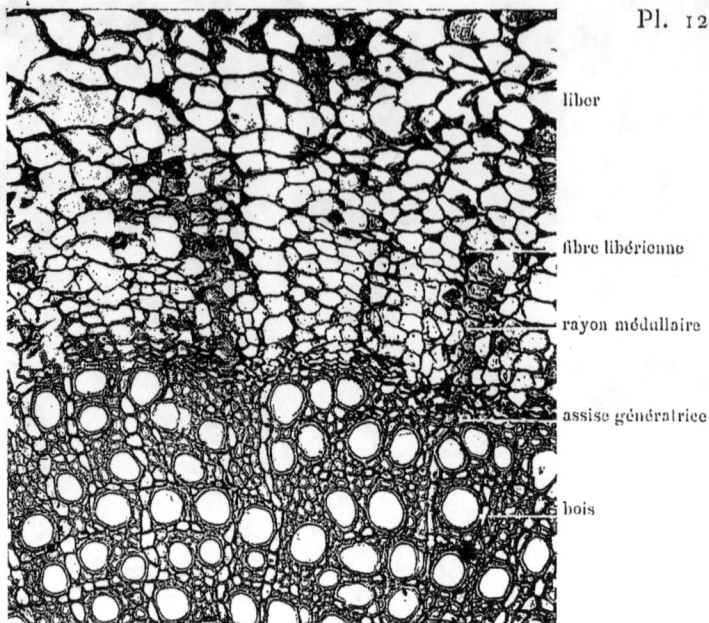

FIG. 22. — Coupe transversale de la racine de **Ratanhia de la Nouvelle-Grenade**.

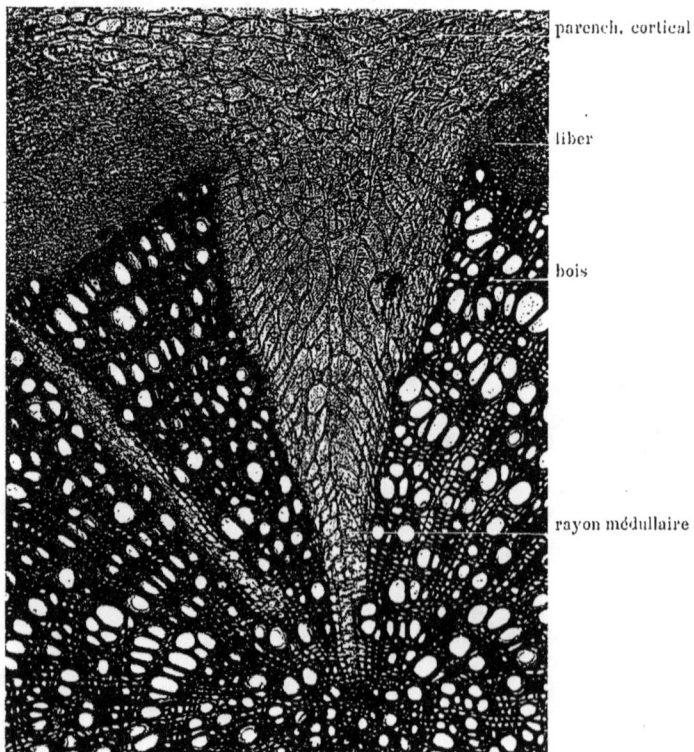

parench. cortical

liber

bois

rayon médullaire

FIG. 23. — Coupe transversale de la racine de **Polygala de Virginie**.

RACINE DE POLYGALA.

Le *Polygala Senega* L. (Polygalacées) est une plante vivace des États-Unis de l'Est.

La drogue comprend tout le système radiculaire de la plante surmonté d'une sorte de tête, constituée par la souche renflée et ramifiée dès la base.

Du pivot de la racine partent, sous un angle très ouvert, un certain nombre de branches latérales grêles et rameuses atteignant 10 centimètres de long et au delà.

La racine principale et les grosses racines secondaires sont contournées et présentent le long de leur concavité une *crête* saillante. L'écorce est marquée d'annulations régulières, et, à chaque changement de direction, de crevasses profondes. (Pl. **13**, fig. 24.)

La section de 2 à 5 millimètres de diamètre présente des aspects différents selon le point où elle a été pratiquée. Sur le pivot elle est généralement circulaire, à contour sinueux; la portion externe à cassure cornée est d'un gris jaunâtre, le cylindre central rayonné est de couleur blanche. Quand la coupe passe au niveau de la crête, la section est pyriforme, le cylindre central perd sa forme arrondie et présente en des points divers une ou plusieurs encoches triangulaires. (Pl. **13**, fig. 25.)

Une coupe pratiquée dans le pivot montre une structure normale et remarquable par la disposition régulièrement concentrique des tissus et de leurs éléments.

Au niveau de la crête, dont par son développement anormal il détermine la saillie, le *liber* présente la forme d'un croissant à convexité externe et à concavité interne coiffant le *bois*.

Celui-ci présente une série d'arcs concentriques de *vaisseaux* qui s'ordonnent en files radiales comme les *fibres* qui les entourent. Les encoches triangulaires qui le découpent, pénètrent plus ou moins profondément; leurs éléments purement parenchymateux forment des assises disposées en chevrons à sommet externe. Elles se perdent dans le *parenchyme cortical* qui se montre très réduit sur les bords et au sommet de la crête pour s'élargir du côté opposé. (Pl. **12**, fig. 23.)

RACINE DE GUIMAUVE.

La **Guimauve** — *Althea officinalis* — L. (Malvacées) est une plante vivace des terrains salifères, fréquemment cultivée. On emploie les feuilles, les fleurs et les racines.

Ces dernières se présentent en fragments de couleur blanche de la grosseur du doigt. Cylindro-coniques, à extrémité supérieure renflée, elles sont parcourues dans toute leur longueur qui atteint environ 20 centimètres, par de profonds sillons dus à la dessiccation et sont marquées de nombreuses cicatrices.

La section offre un contour ovale, incisé-lobé. Une ligne brune de même forme sépare le cylindre central à cassure grenue de la portion corticale, fibreuse et tenace.

L'odeur est faible, mais caractéristique. La saveur est fade et mucilagineuse.

Toujours décortiquée, la drogue n'offre sur la coupe ni *suber* ni *parenchyme cortical* et se trouve réduite au *liber* et au bois séparés par une *assise génératrice* qui correspond à la ligne brune de la section.

Au sein du *liber mou*, traversé par des *rayons médullaires* à grandes cellules radiales, s'ordonnent régulièrement en files radiales et en zones concentriques de nombreux *îlots fibreux*.

Le *bois* primaire, situé au centre de la coupe, est formé de quatre à cinq lames rayonnantes qui, plus nombreuses dans le bois secondaire, donnent au cylindre central un aspect étoilé. Ces lames, séparées par des *rayons médullaires* qui vont s'élargissant, sont constituées par des *vaisseaux* entourés de *fibres* et par du *parenchyme* ligneux. (Pl. 14, fig. 26.)

Dans toute l'étendue de la coupe se montrent çà et là des cellules arrondies ou des lacunes remplies de *mucilage* rendu nettement visible par les réactifs appropriés (alcool et teinture d'orcanette).

Pl. 13.

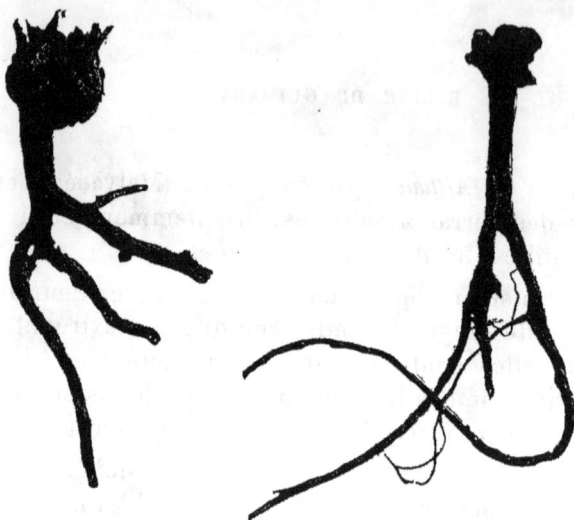

FIG. 24. — Racine de **Polygala de Virginie.**

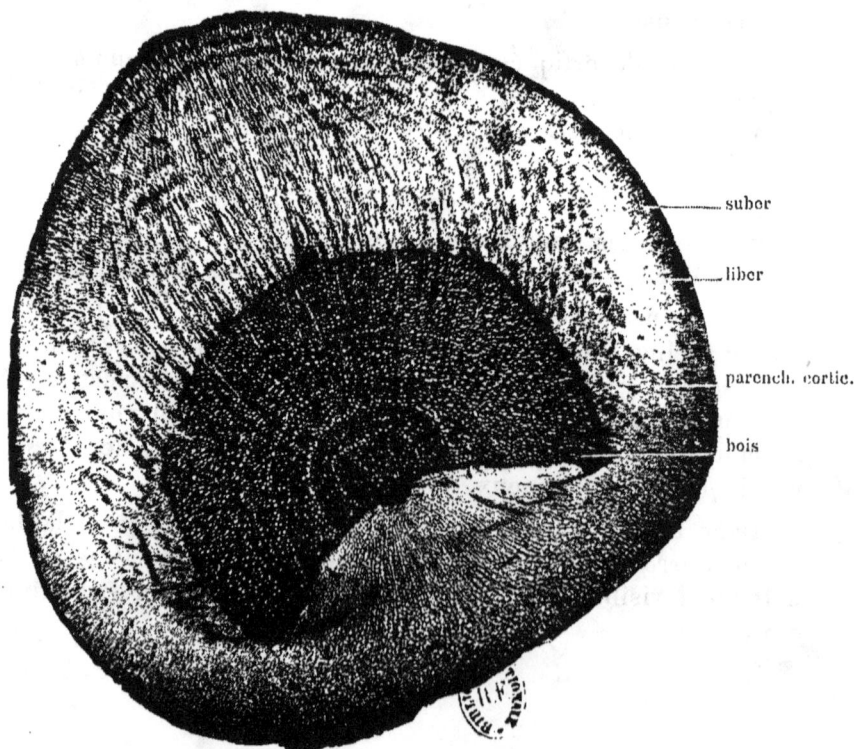

subor

liber

parench. cortic.

bois

FIG. 25. — Section de la racine de **Polygala de Virginie.**

Pl. 14.

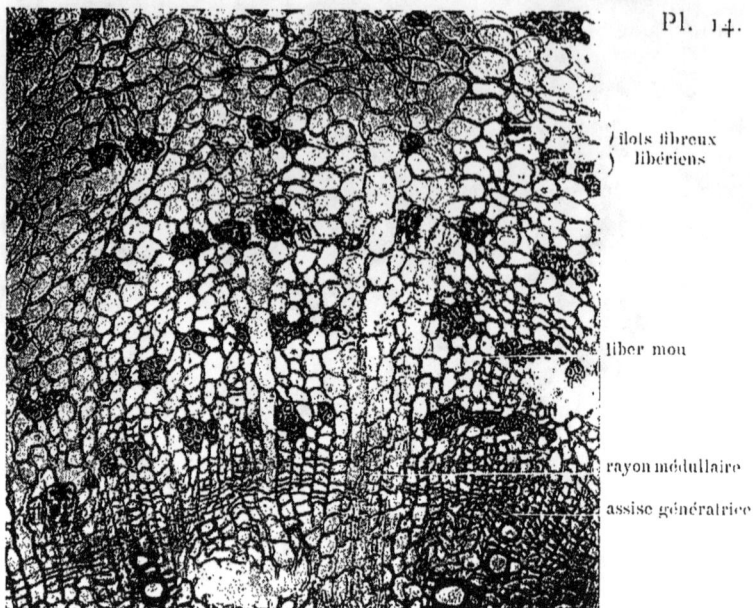

îlots fibreux
libériens

liber mou

rayon médullaire

assise génératrice

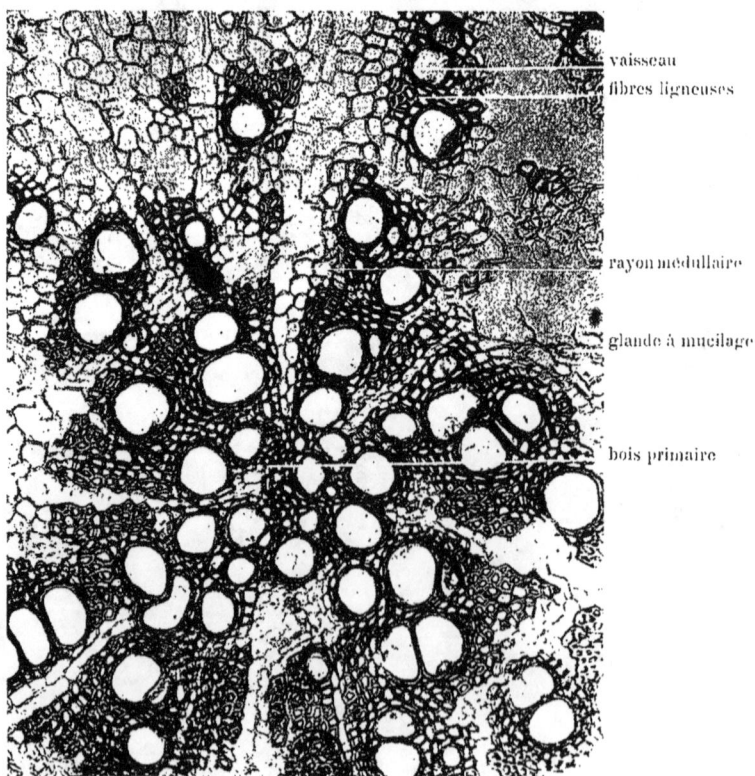

vaisseau
fibres ligneuses

rayon médullaire

glande à mucilage

bois primaire

FIG. 26. — Coupe transversale de la racine de **Guimauve**.

RÉGLISSE.

Arbuste de la région méditerranéenne, le *Glycyrrhiza glabra* L. (Papilionacées) présente plusieurs variétés dont la plus estimée est cultivée dans les provinces espagnoles de Catalogne et de Valence.

La drogue appelée **Réglisse** est constituée par des racines et des longs stolons qui en partent.

Régulièrement cylindrique, elle peut atteindre plusieurs mètres de long.

La surface extérieure brune, rugueuse, est marquée de rides longitudinales, de lenticelles, de cicatrices et çà et là de petits bourgeons caulinaires.

La section, d'un jaune vif, entourée d'un liséré brun et régulièrement radiée, a de 5 à 15 millimètres de diamètre.

La cassure est esquilleuse et fibreuse.

L'odeur est nulle, la saveur sucrée.

Le *suber*, qui manque quelquefois sur les racines raclées, est formé de quelques rangées de cellules tabulaires brunes.

Le *parenchyme cortical* se confond avec les *rayons médullaires* corticaux très larges, entre lesquels le *liber* projette de longues pointes à nombreux *ilots fibreux*.

Les faisceaux du *bois*, séparés les uns des autres par de larges *rayons médullaires*, offrent au milieu de *parenchyme ligneux* et de *fibres* groupées en îlots, des gros *vaisseaux* visibles à l'œil nu.

La *moelle*, qui occupe le centre des stolons, manque dans les racines. (Pl. 15, fig. 27.)

RACINE D'IPÉCA.

Le *Cephælis Ipecacuanha* Rich. — *Uragoga* Bn. ou *Psychotria Ipecacuanha* Müll. Arg. — (Rubiacées-Ixorées) est originaire des forêts humides des provinces centrales du Brésil (Matto-Grosso). La drogue est exportée par Rio-de-Janeiro, d'où le nom commercial d'**Ipéca de Rio.**

Ses racines de couleur grise, de 10 à 15 centimètres de long et de la grosseur d'une plume d'oie, sont caractérisées par des renflements annulaires régulièrement espacés et séparés par des fissures circulaires qui pénètrent souvent jusqu'au cylindre central ligneux (*meditullium*). (Pl. **16**, fig. 28.)

Le faible diamètre qui ne dépasse pas 5 millimètres et l'existence de ces anneaux, ont fait donner à la drogue le nom d'**Ipéca annelé mineur** par opposition à la racine de même forme mais plus grosse, originaire de la Nouvelle-Grenade et attribuée au *Cephælis granatensis* Rich., ou *C. acuminata* Karst. que l'on appelle **Ipéca annelé majeur**, ou encore **Ipéca de Carthagène** d'après le port d'exportation.

Le *parenchyme cortical*, très développé et recouvert d'un mince *suber*, est constitué par des cellules polygonales remplies d'amidon; quelques-uns renferment des cristaux en raphides.

Le *cylindre central*, dense et entièrement lignifié, est formé par des files radiales régulières de *vaisseaux* et de *fibres*. Ces dernières se distinguent par leurs dimensions moindres et leur contenu amylacé. Sur sa limite externe et séparé de lui par l'*assise génératrice*, le *liber*, entièrement mou, pénètre sous forme de pointes effilées dans le parenchyme cortical. (Pl. **16**, fig. 29.)

On substitue ou on mélange à l'Ipéca officinal d'autres racines, telles que l'**Ipéca strié**, de couleur violette (*Psychotria emetica* L.), l'**Ipéca ondulé**, de couleur brune, rapporté au *Richardsonia scabra* Saint-Hil. (Rubiacées) et différentes Violacées, telles que l'**Ipéca blanc** (*Ionidium Ipecacuanha* Vent.).

Elles se distinguent de l'Ipéca vrai par leurs caractères extérieurs, microscopiques et chimiques, c'est-à-dire par l'absence ou la moindre teneur en émétine.

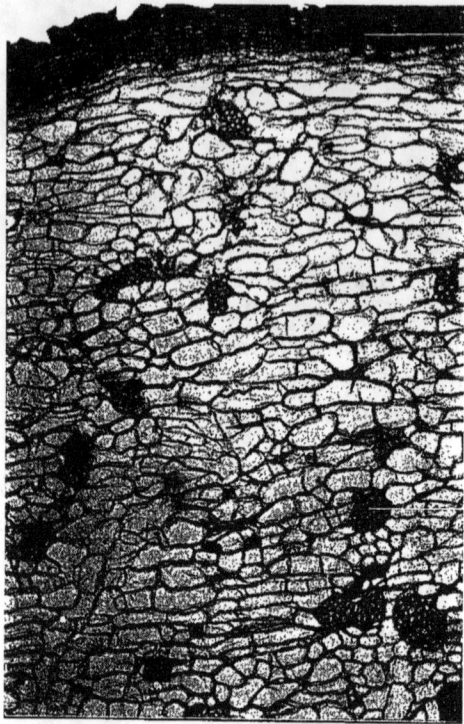

Pl. 15.

suber

ilot fibreux libérien

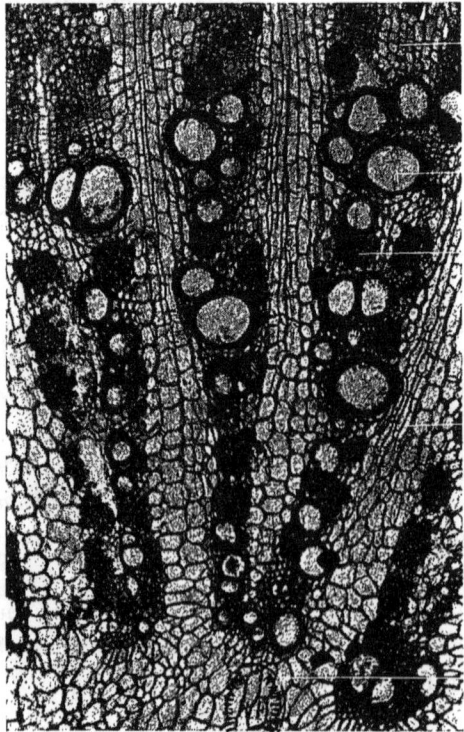

assise génératrice

vaisseau

fibres ligneuses

rayon médullaire

moelle

FIG. 27. — Coupe transversale de la racine (stolon) de **Réglisse.**

Pl. 16.

Fig. 28. — Racine d'Ipéca de Rio.

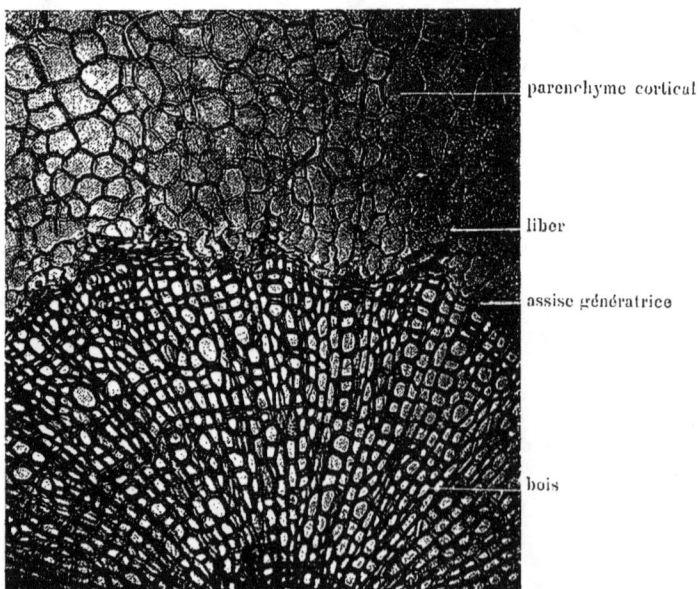

parenchyme cortical

liber

assise génératrice

bois

Fig. 29. — Coupe transversale de la racine d'Ipéca.

RACINE DE BELLADONE.

La **Belladone** — *Atropa Belladona* L. — (Solanacées-Atropées), herbe vivace de l'Europe centrale et méridionale, fournit à la matière médicale ses racines, ses feuilles et ses semences.

Les racines, ramifiées et fusiformes, peuvent atteindre 5o centimètres de long et 5 centimètres de diamètre. Coupées pour en faciliter la dessiccation, elles se présentent, à l'état sec, en fragments irréguliers, ratatinés, de consistance molle, de couleur grise sur la face externe et blanchâtre à l'intérieur.

Leur odeur est faible. La saveur, d'abord douceâtre, est ensuite d'une amertume persistante et constrictive.

La racine principale est caractérisée par une texture concentrique.

Le *cylindre cortical*, entièrement parenchymateux, est recouvert à l'extérieur par un mince *suber* et limité à l'intérieur par un *endoderme*.

Dans les faisceaux *libéro-ligneux* du *cylindre central*, le *liber* à petits éléments affecte la forme de dômes arrondis coiffant le *bois* dont les sépare une *assise génératrice*.

Les *vaisseaux* du bois à large lumen ne sont entourés d'éléments fibreux que dans les vieilles racines.

De larges *rayons médullaires* traversent le cylindre central pour se perdre dans le parenchyme cortical.

Les cellules du *tissu fondamental* sont remplies d'amidon à petits grains; quelques-unes se distinguent par leur couleur noire qui est due à de très petits cristaux (*sable cristallin*) qu'elles renferment. (Pl. **17**, fig. 3o.)

Dans les racines latérales, les faisceaux libéro-ligneux sont irrégulièrement distribués et la section n'offre pas la texture concentrique qui caractérise la racine principale.

L'ensemble des caractères : consistance molle et non fibreuse, présence d'amidon et de sable cristallin, permet de distinguer la racine de belladone de celles d'aunée et de bardane que l'on peut, à première vue, confondre avec elle.

RACINE DE VALÉRIANE.

Répandu dans les bois de toute l'Europe et cultivé pour l'usage médicinal dans diverses contrées, le *Valeriana officinalis* L. (Valérianacées) fournit ses rhizomes munis de racines.

Le rhizome ou souche est dressé, ovoïde, de 2 centimètres de haut et moitié moins épais; il porte à son sommet un bout de tige munie d'écailles et sur toute sa périphérie des racines très cassantes, à cassure cornée, de 1 à 2 millimètres de diamètre, atteignant souvent jusqu'à 30 centimètres de long et recouvertes d'un fin chevelu entremêlé. (Pl. **17**, fig. 31.).

De couleur fauve, d'une saveur légèrement amère, la drogue sèche exhale une odeur spéciale et caractéristique.

L'*assise pilifère* est doublée d'une rangée de cellules à parois minces contenant des gouttelettes d'essence (*membrane épidermoïdale*).

Le *cylindre cortical*, très développé, est constitué par de grandes cellules arrondies gorgées d'amidon.

L'*endoderme* et l'*assise péricyclique* qui le double ont leurs éléments à parois minces.

Le *liber*, entièrement mou, est formé de cinq arcs superposés à autant de faisceaux de *bois secondaire* séparés par un même nombre de *lames vasculaires primaires*.

Le centre de la coupe est occupé par du *parenchyme médullaire* riche en amidon. (Pl. **18**, fig. 32.)

Pl. 17.

sable cristallin

tissu fondamental

endoderme

liber

assise génératrice

bois

tissu fondamental

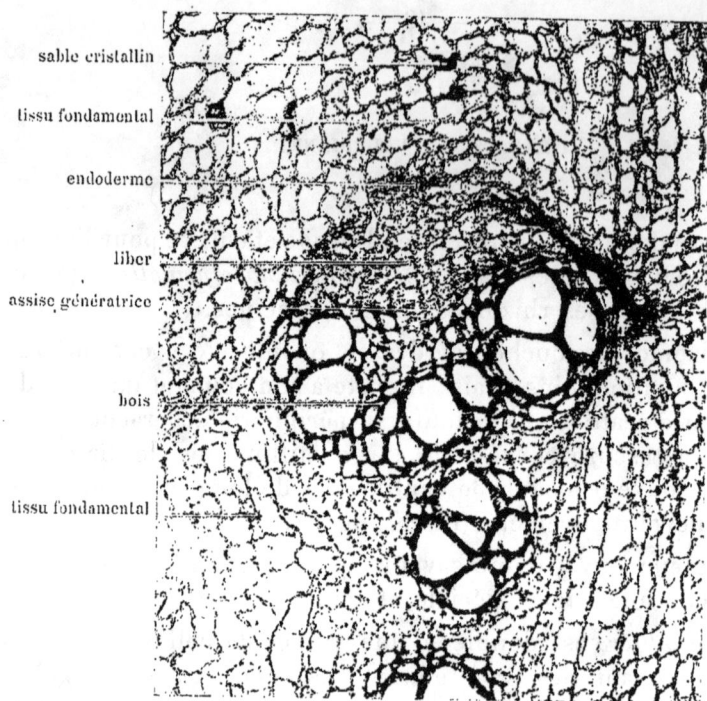

FIG. 30. — Coupe transversale de racine de **Belladone**.

FIG. 31. — Racine de **Valériane**.

Pl. 18.

assise pilifère

parenchyme cortical

parenchyme cortical

endoderme

péricycle

liber

bois

moelle

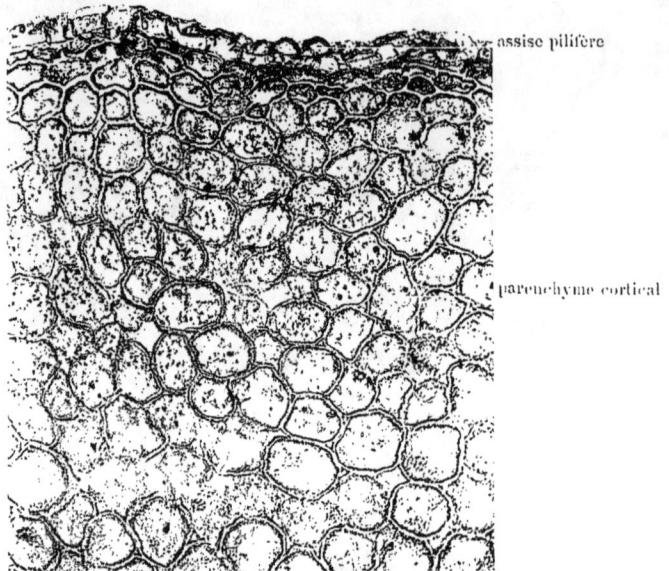

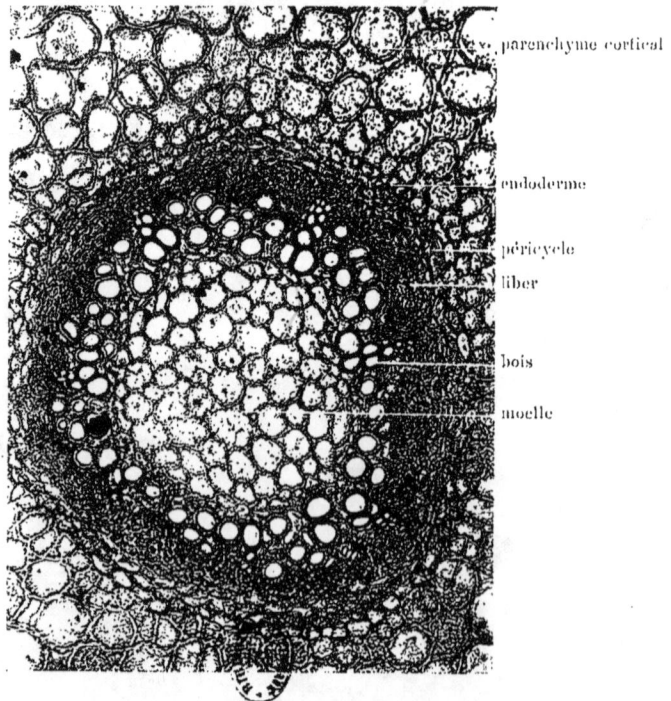

FIG. 32. — Coupe transversale de la racine de **Valériane**.

TROISIÈME SÉRIE

Tiges, Écorces, Bois.

CANNELLE DE CEYLAN.

Parmi les nombreuses écorces de Lauracées qui portent le nom de **Cannelle**, le Codex n'en inscrit qu'une seule fournie par le *Cinnamomum Zeylanicum* Breyn.

Cet arbrisseau très polymorphe est répandu sur la côte méridionale de l'Hindoustan et dans l'île de Ceylan où il est cultivé depuis la fin du siècle dernier. Cette culture s'est ensuite introduite à Java et en Guyane.

La **Cannelle de Ceylan** se présente en tubes pouvant atteindre jusqu'à 1 mètre de long et 1 centimètre de diamètre, de couleur fauve clair, d'odeur suave et de saveur sucrée, chaude et aromatique.

Ces tubes, à double contour, résultent de l'emboîtement d'une dizaine d'écorces en lames minces, dont les deux bords, enroulés en dedans, laissent entre eux un sillon longitudinal. (Pl. **19**, fig. 33.)

Très friables, à cassure esquilleuse, les écorces ne dépassent pas un quart de millimètre d'épaisseur; leur surface est parcourue par des lignes onduleuses de couleur beaucoup plus claire que le fond marqué de taches plus sombres.

Toujours mondées au couteau, les écorces de Ceylan sont limitées à l'extérieur par une *bande scléreuse* continue, d'origine *péricyclique*, constituée par des *sclérites* à lumen assez grand et à parois épaisses et canaliculées, que renforcent des îlots de *fibres* de même origine.

Le *liber* en pointes triangulaires, à sommets tronqués, séparés par des *rayons médullaires* de même forme, est presque entièrement mou. Il offre quelques rares *fibres* et des *cellules sécrétrices* de deux ordres : les unes, grandes, renferment des gouttes d'*huile essentielle;* les autres, petites, sont *mucilagineuses.* (Pl. **19**, fig. 34.)

A la Cannelle de Ceylan, seule officinale en France, on substitue fréquemment des sortes inférieures dont la plus courante est la **Cannelle** dite **de Chine** inscrite dans plusieurs pharmacopées étrangères et très usitée partout comme condiment aromatique.

Elle provient du *Cinnamomum Cassia* Blume — *C. aromaticum* Nees — qui est très anciennement cultivé dans les provinces chinoises de Kouang-Si et Kouang-Toung du bassin du Si-Kiang ou rivière de Canton.

Elle se présente en fragments d'un demi-mètre de long formés par une seule écorce enroulée dont l'épaisseur atteint et dépasse même 1 millimètre. De couleur brune, sa surface extérieure est tachetée de gris par des débris du périderme et marquée de cicatrices foliaires. La face interne est lisse. (Pl. **20**, fig. 35.)

Son odeur est d'un arome moins fin que celle de la Cannelle de Ceylan, sa saveur est chaude, mucilagineuse et légèrement acerbe.

Sa texture diffère essentiellement de celle de la Cannelle officinale par la présence d'un *suber* plus ou moins épais, d'un *parenchyme cortical* amylifère à nombreuses *cellules scléreuses* et à quelques *glandes oléifères.*

L'anneau *scléreux péricyclique*, qui protège le *liber*, est interrompu de place en place ; il est formé d'amas de sclérites et d'îlots fibreux.

Le *liber* a sensiblement la même constitution que dans la Cannelle de Ceylan. (Pl. **20**, fig. 36.)

Pl. 19.

Fig. 33. — Écorce de **Cannelle de Ceylan**.

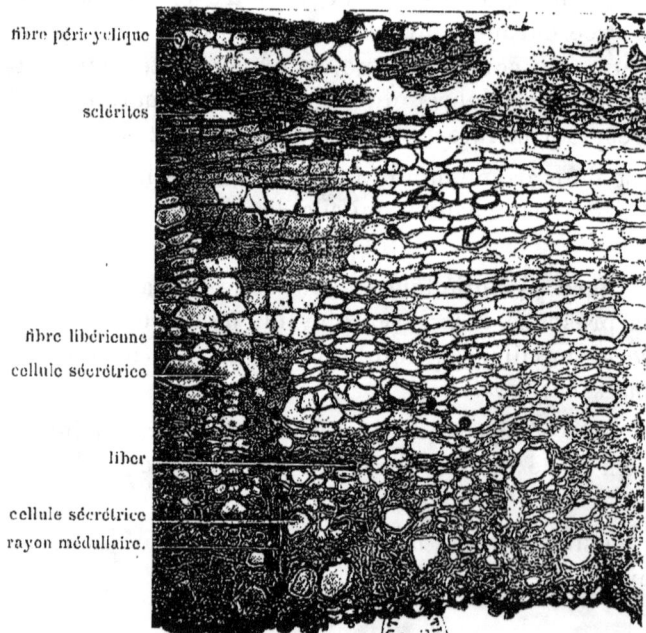

fibre péricyclique

sclérites

fibre libérienne
cellule sécrétrice

liber

cellule sécrétrice
rayon médullaire.

Fig. 34. — Coupe transversale de l'écorce de **Cannelle de Ceylan**.

Pl. 20.

FIG. 35. — Écorce de **Cannelle de Chine**.

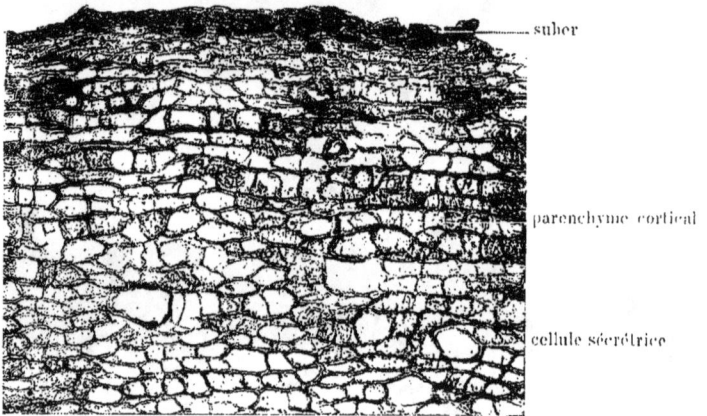

suber

parenchyme cortical

cellule sécrétrice

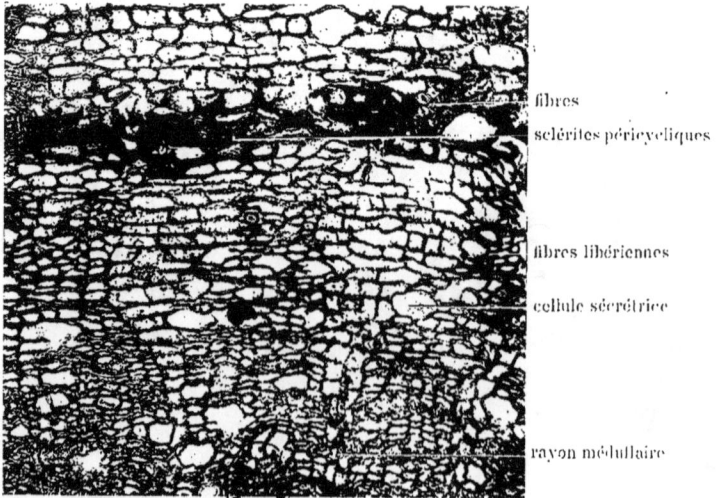

fibres

sclérites péricycliques

fibres libériennes

cellule sécrétrice

rayon médullaire

FIG. 36. — Coupe transversale de l'écorce de **Cannelle de Chine**.

CANNELLE BLANCHE

Le *Cannella alba* Murray (Cannellacées) est un arbre de la Floride, des Antilles et des îles Bahamas ou Lucayes. Seules, ces dernières exportent son écorce par le port de Nassau.

En tubes ou gouttières de 18 à 20 centimètres de long, 2 à 5 centimètres de diamètre et 3 à 5 millimètres d'épaisseur, cette écorce offre une face externe rugueuse, de couleur fauve clair, parsemée de taches blanches, de forme et de dimensions variables.

La surface interne blanche (d'où le nom de la drogue) est marquée de fines stries longitudinales.

La cassure est marbrée de blanc et d'orangé.

Son odeur est aromatique, sa saveur est piquante et poivrée.

Le *suber* fait le plus souvent défaut et à l'extérieur de la coupe on trouve un *phelloderme* formé d'une douzaine d'assises de *cellules scléreuses* dont les parois latéro-internes fortement épaissies sont parcourues par des canalicules radiés.

Le *parenchyme cortical*, à cellules polygonales, contient de l'amidon et, de place en place, des *cristaux maclés* d'oxalate de chaux. Il est parsemé de grandes *cellules sécrétrices* que l'on retrouve avec des dimensions moindres dans le liber.

Le *liber* est formé de bandes obliques, alternantes de *parenchyme* et de *tubes criblés* affaissés. Il est traversé par des *rayons médullaires* sineux, à une rangée de cellules arrondies contenant, presque toutes, une macle cristalline. (Pl. **21**, fig. 37.)

ÉCORCE D'ANGUSTURE.

Le *Galipea Cusparia* A. St-H. — *Galipea febrifuga* H. Bn. — *Cusparia febrifuga*, H. B. K. — (Rutacées-Cuspariées) est un arbrisseau qui croît dans la Guyane vénézuélienne.

Son écorce tire son nom d'Angostura, aujourd'hui Ciudad-Bolivar, la ville principale de cette région.

Elle se présente en fragments cintrés, de longueur et de largeur variables, de 2 millimètres d'épaisseur, à bords taillés en biseau.

Sa surface externe brune est souvent presque entièrement recouverte d'un enduit fongueux, blanchâtre, peu adhérent. La face interne est lisse et d'un brun clair.

La cassure nette est résineuse.

L'odeur est faible, la saveur est amère et nauséeuse.

Une goutte d'acide azotique déposée sur la face interne produit une tache jaune; une solution alcaline y détermine une coloration verte.

Le *suber* s'effrite en partie sous le rasoir et se détache sous forme de lambeaux irréguliers au-dessus de plusieurs assises plus jeunes de cellules tabulaires à parois ondulées.

Le *parenchyme cortical*, à cellules polygonales renfermant parfois des cristaux en raphides, offre en outre des *cellules sécrétrices* arrondies.

Le *liber* se termine en pointes incurvées, séparées par des *rayons médullaires* qui s'épanouissent dans le parenchyme cortical. Constitué en grande partie par du *parenchyme libérien*, il présente des bandes de *tubes criblés* et quelques *îlots fibreux*. Le liber et les rayons médullaires renferment des cellules sécrétrices. (Pl. **22**, fig. 38.)

Il arrive fréquemment qu'on mêle ou qu'on substitue par erreur à l'**écorce d'Angusture**, des écorces de strychnées et en particulier celle du Vomiquier — *Strychnos nux vomica* L. —.

On reconnaît cette falsification dangereuse par des caractères extérieurs, anatomiques et chimiques.

L'écorce de Vomiquier, ou **Fausse-Angusture**, se distingue par des bords épais et droits ; la cassure offre dans le tiers extérieur une ligne blanche continue. La saveur est d'une amertume extrême.

Une goutte d'acide azotique y détermine une tache rouge sang (réaction due à la présence de la brucine) qui résiste au lavage.

La structure anatomique de cette écorce se distingue de celle de l'Angusture vraie : 1° par l'absence des cellules sécrétrices et des raphides ; 2° par l'existence d'abondants *cristaux octaédriques* et d'un *anneau scléreux* continu, correspondant à la ligne blanche qu'offre la cassure. Des *îlots scléreux* nombreux se retrouvent dans le *liber* de l'écorce de Fausse-Angusture. (Pl. **23**, fig. 39.)

Pl. 21.

phelloderme scléreux

cellule sécrétrice

macle cristalline

parenchyme cortical

parenchyme cortical

cellule sécrétrice

rayon médullaire

parenchyme libérien

tubes criblés

cellule sécrétrice

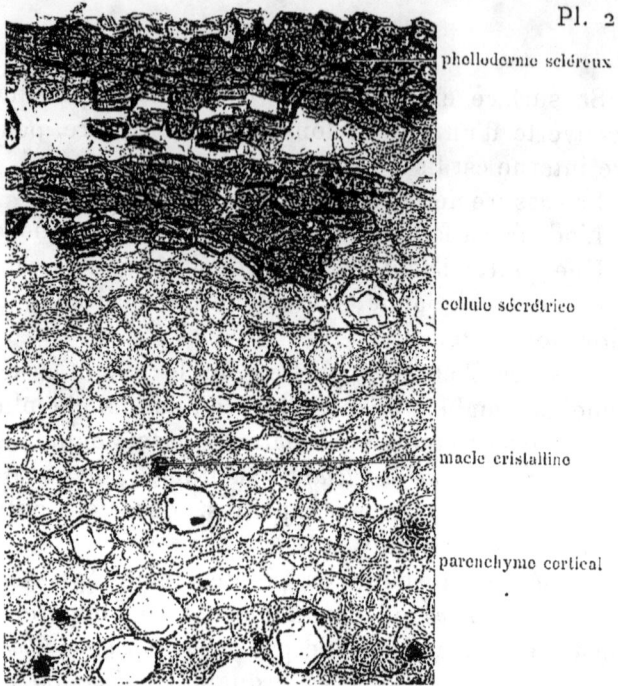

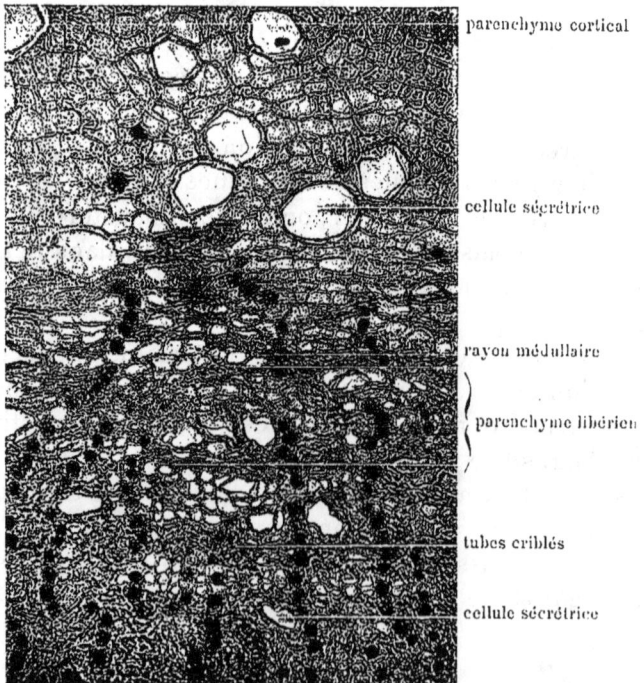

Fig. 37. — Coupe transversale de l'écorce de **Cannelle blanche.**

Pl 22.

suber

cellule sécrétrice

parenchyme cortical

cellule sécrétrice

liber

cellule sécrétrice

ilot fibreux

rayon médullaire

cellule sécrétrice

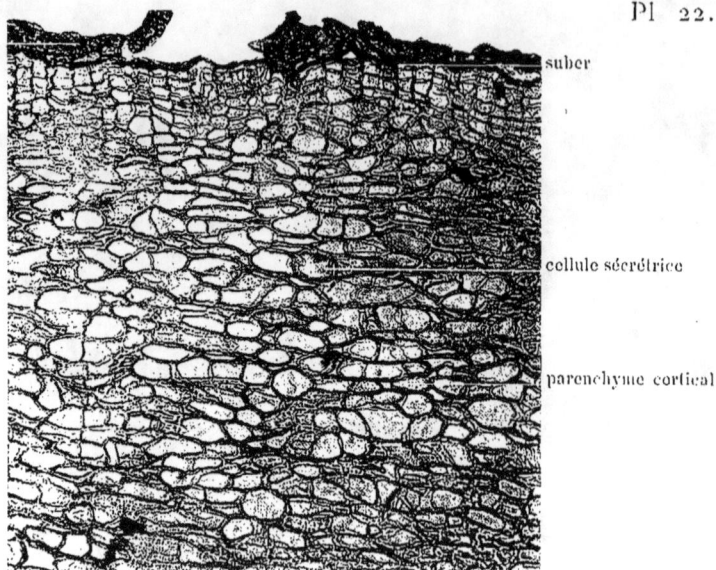

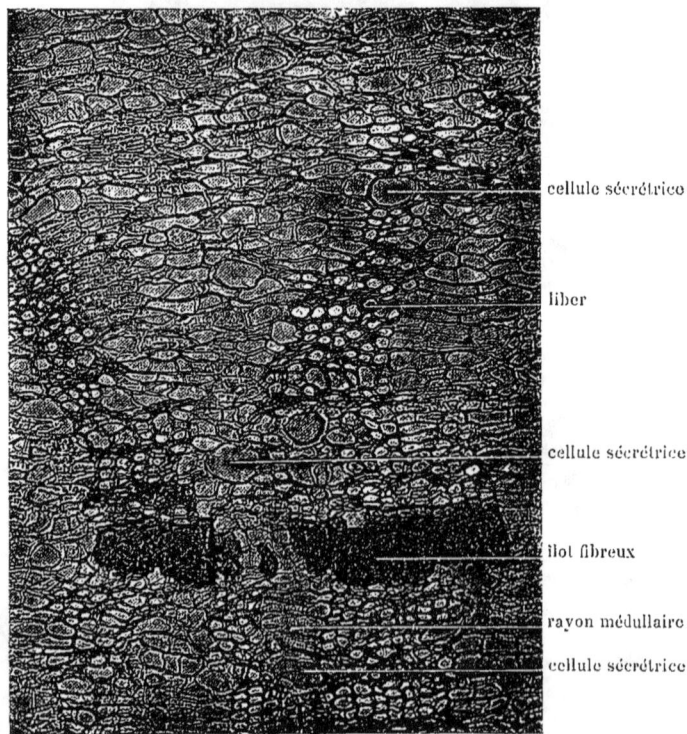

Fig. 38. — Coupe transversale de l'écorce d'**Angusture.**

Pl. 23.

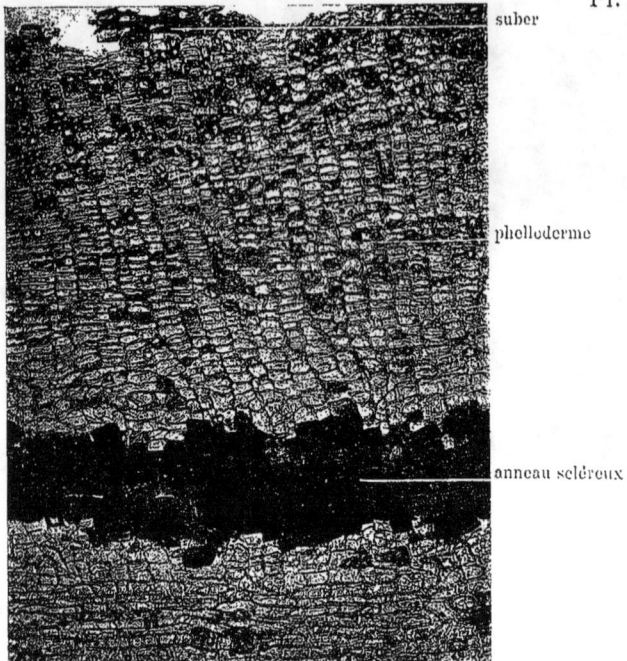

suber

phelloderme

anneau scléreux

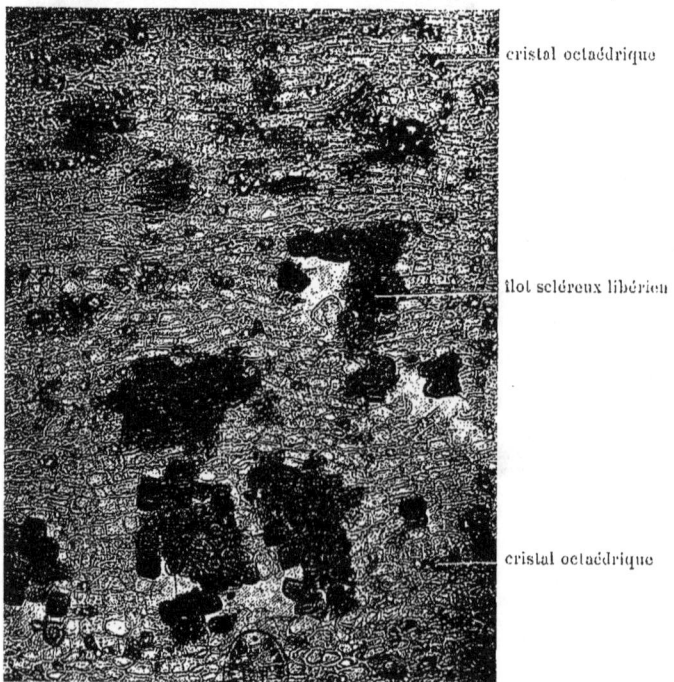

cristal octaédrique

îlot scléreux libérien

cristal octaédrique

Fig. 39. — Coupe transversale de l'écorce de **Fausse-Angusture**.

BOIS DE QUASSIA.

Le *Quassia amara* L. (Simaroubacées) est un petit arbre des Guyanes dont le bois est exporté par Surinam (Guyane hollandaise), d'où son nom de **Quassia de Surinam.**

Il se présente en cylindres réguliers de 2 à 5 centimètres de diamètre, souvent entourés de leur manchon cortical, qui est de couleur grise, marbrée de blanc et de noir et qui s'en sépare facilement.

Le bois, blanc, léger, assez tendre, est en zones concentriques et dépourvu de moelle.

Son odeur est nulle, mais la saveur très amère.

Les éléments du *bois* sont très régulièrement ordonnés en files radiales et en couches concentriques que traversent d'étroits *rayons médullaires* formés d'une seule rangée de cellules allongées radialement. — Ils consistent en *fibres* à contour quadrangulaire et en *vaisseaux* à lumen circulaire, isolés ou groupés en petit nombre et entourés de *parenchyme ligneux*. (Pl. **24**, fig.40.)

On lui substitue le plus souvent le **Quassia de la Jamaïque,** fourni par un grand arbre de la même famille, le *Picræna excelsa* Lindl., qui croît dans toutes les Antilles.

La structure de ce dernier ne diffère de celle du Quassia vrai que par la largeur des *rayons médullaires* formés de trois à quatre rangées de cellules très allongées dans le sens radial. (Pl. **24**, fig. 41.)

ÉCORCE DE CASCARA SAGRADA.

Le *Rhamnus Purshiana* D.C., arbrisseau de la Californie, fournit une écorce connue sous le nom espagnol de **Cascara sagrada** et introduite récemment dans la thérapeutique européenne.

Cette écorce se présente en fragments cintrés ou roulés de 1 à 2 millimètres d'épaisseur, à cassure courte.

La surface externe, fissurée, est de couleur grise que ponctuent de noir les lichens qui la recouvrent.

L'odeur est légèrement nauséeuse et la saveur amère.

Le *suber*, formé de cellules quadrangulaires en files régulières, à parois et à contenu colorés, recouvre le *parenchyme cortical* qui est *collenchymateux* dans sa partie externe et parsemé de gros *îlots scléreux* dans sa partie interne.

Le *liber* est parcouru par des *rayons médullaires* onduleux à deux rangées de cellules radiales. Les *fibres libériennes*, à parois épaisses, y forment des bandes étroites quadrangulaires éparses dans le parenchyme.

Toutes les parties de l'écorce contiennent des cellules à *mucilage* et à *cristaux*. Ces derniers sont de deux sortes : les uns en *macles* sans localisation spéciale, les autres *octaédriques* se rencontrent plus particulièrement dans les cellules qui limitent vers l'intérieur les îlots fibreux et scléreux. (Pl. **25**, fig. 42.)

L'écorce d'une plante indigène, congénère, la **Bourdaine**, *Rhamnus Frangula* L., possède des propriétés analogues à celles de l'écorce exotique. Elle est officinale en Allemagne et se présente en tuyaux roulés, à surface externe grise marquée de nombreux lenticelles et à face interne rouge orangé.

Le *suber*, très épais, est fortement coloré.

Le *parenchyme cortical* est dépourvu d'amas scléreux, tandis que les îlots fibreux du *liber* y sont plus nombreux et plus régulièrement disposés. (Pl. **26**, fig. 43.)

Pl. 24.

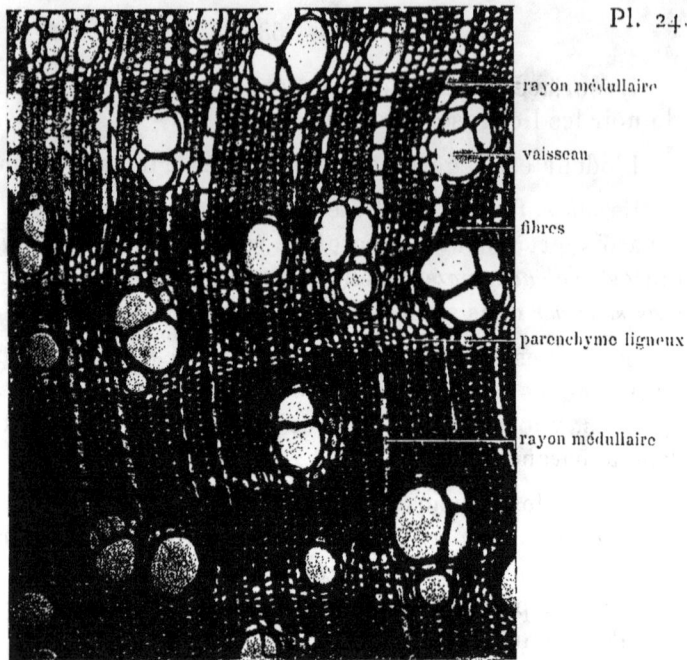

rayon médullaire

vaisseau

fibres

parenchyme ligneux

rayon médullaire

FIG. 40. — Coupe transversale du bois de **Quassia de Surinam.**

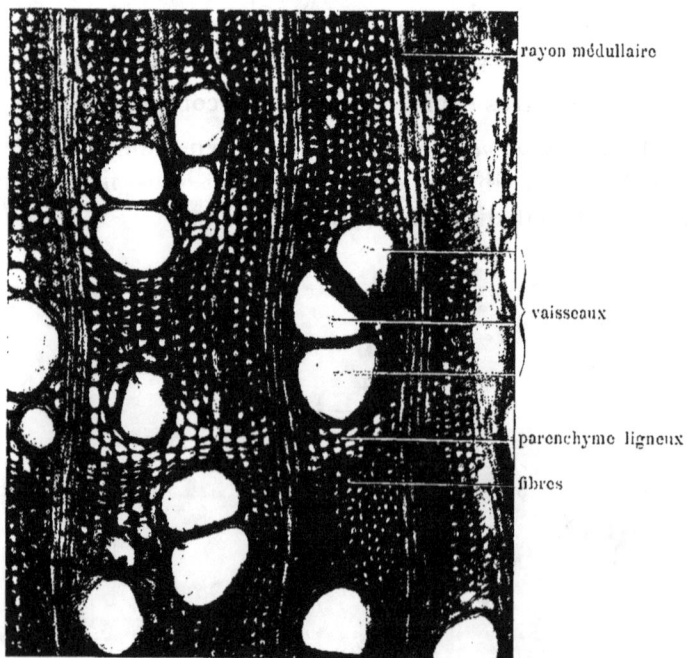

rayon médullaire

vaisseaux

parenchyme ligneux

fibres

FIG. 41. — Coupe transversale du bois de **Quassia de la Jamaïque.**

Pl. 25.

suber

collenchyme

parenchyme cortical

ilot scléreux

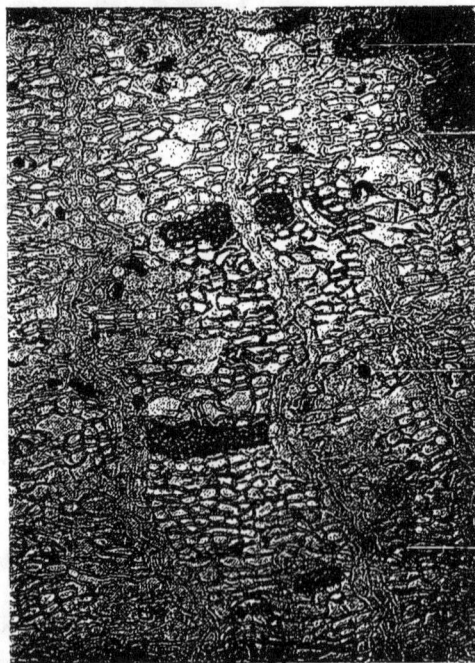

ilot fibreux libérien

rayon médullaire

macle cristalline

liber mou

Fig. 42. — Coupe transversale de l'écorce de **Cascara sagrada.**

Pl. 26.

suber

parenchyme cortical

îlot fibreux libérien

rayon médullaire

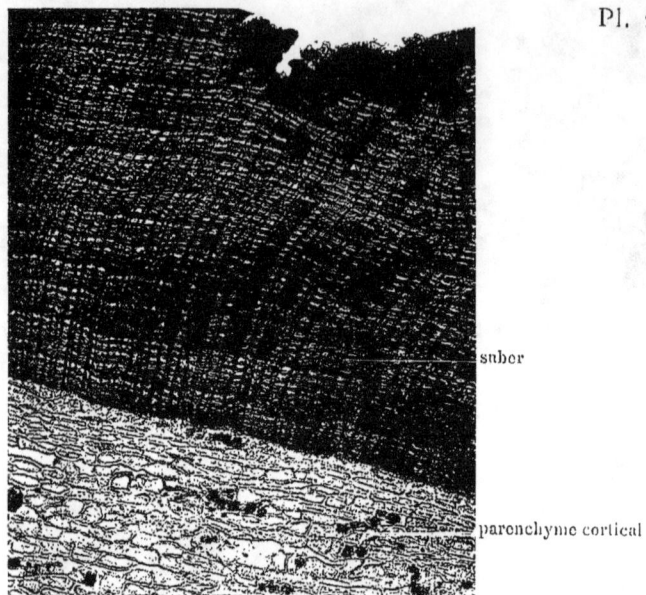

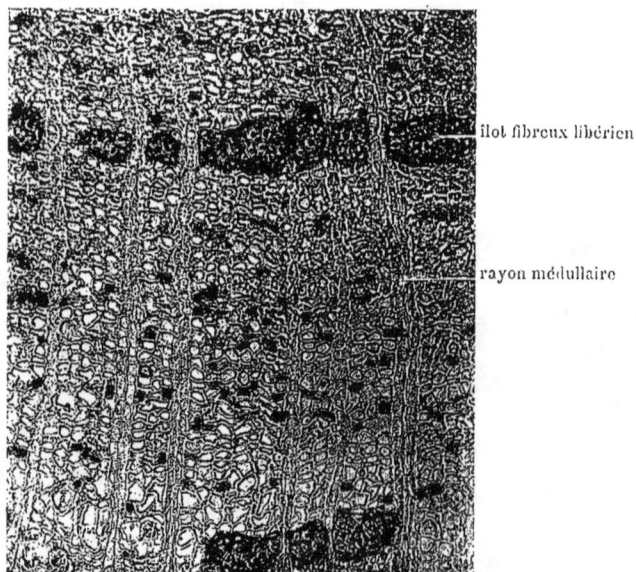

Fig. 43. — Coupe transversale de l'écorce de **Bourdaine**.

DOUCE-AMÈRE.

La **Douce-amère** — *Solanum dulcamara* L. — (Solanacées-Atropées) croît dans les haies de toute la France.

Ses rameaux se présentent en tronçons cylindriques ou régulièrement polyédriques, de 3 à 12 millimètres de diamètre, de couleur jaune verdâtre, passant au gris sur les branches âgées.

Leur section offre un contour circulaire ou polygonal, et, dans ce dernier cas, c'est l'écorce qui affecte cette figure, tandis que le bois est constitué par une ou deux zones concentriques circulaires, avec une moelle de même forme, presque entièrement résorbée au centre.

Son odeur vireuse disparaît par la dessiccation, sa saveur est à la fois douceâtre et amère, d'où son nom.

L'*épiderme* que l'on trouve quelquefois sur les rameaux jeunes, disparaît le plus souvent; il est doublé d'un *suber* peu épais qui s'exfolie facilement.

Sous le *parenchyme cortical*, une rangée de *fibres*, isolées ou groupées deux par deux, caractérise le *péricycle*.

Le *liber externe* entièrement mou est marqué par de nombreuses cellules remplies de *sable cristallin*.

Une *assise génératrice*, nettement visible, le sépare du *bois* disposé en files radiales régulières de *vaisseaux* et de *fibres* et parcouru par des *rayons médullaires* à une seule rangée de cellules.

Sur le pourtour de la *moelle* à grands éléments on rencontre des îlots de *liber interne* avec quelques rares fibres isolées. (Pl. 27, fig. 44.)

ÉCORCE DE GRENADIER.

Le *Punica Granatum* L. (Lythracées-Punicées) est un arbre de la région méditerranéenne qui fournit à la matière médicale ses fleurs, ses fruits (péricarpe et suc) et l'écorce de sa racine à laquelle on substitue fréquemment celle de la tige.

Cette écorce se présente en fragments cintrés ou enroulés atteignant jusqu'à 20 centimètres et au delà de long, de 2 à 4 centimètres de diamètre et de 1 à 2 millimètres d'épaisseur.

La face externe, de couleur jaunâtre, est sillonnée de crevasses grises qui en s'anastomosant découpent des rugosités irrégulièrement losangiques.

La face interne finement striée est de couleur jaune, elle se colore en vert par une goutte de perchlorure de fer.

La cassure est nette et granuleuse.

La saveur est astringente.

Limité à l'extérieur par du *suber*, le *parenchyme cortical* offre de grandes *sclérites* et des cellules contenant des *cristaux* maclés d'oxalate de chaux.

Les sclérites et les cellules cristallifères se retrouvent dans le *liber* que caractérise la disposition stratifiée de ces dernières.

Les *rayons médullaires* très nombreux sont d'abord étroits et formés par une ou deux rangées de cellules radiales gorgées d'amidon, ils s'épanouissent en s'élargissant graduellement dans le parenchyme cortical. Le *tissu libérien*, qu'ils divisent, se termine en longues pointes effilées. (Pl. **28**, fig. 45.)

Dans l'écorce de la tige, la texture générale est identique à celle de la racine, mais le liber offre des terminaisons mousses et arrondies.

Pl. 27.

suber

parenchyme cortical

fibres péricycliques

sable cristallin
liber externe
assise génératrice

rayon médullaire

vaisseau
fibres ligneuses

liber interne
moelle

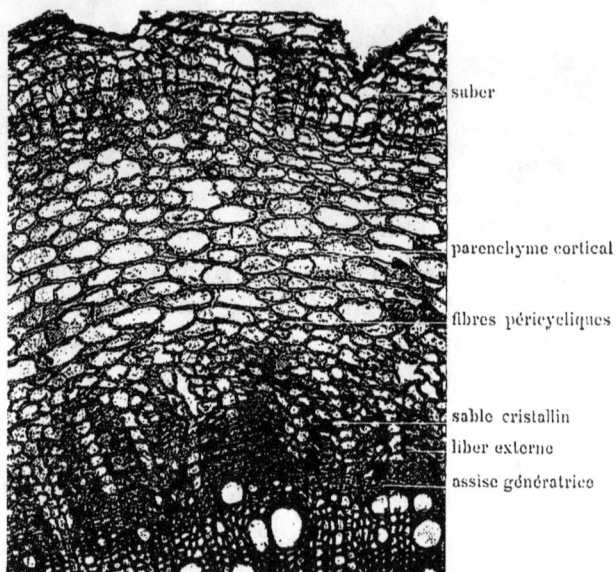

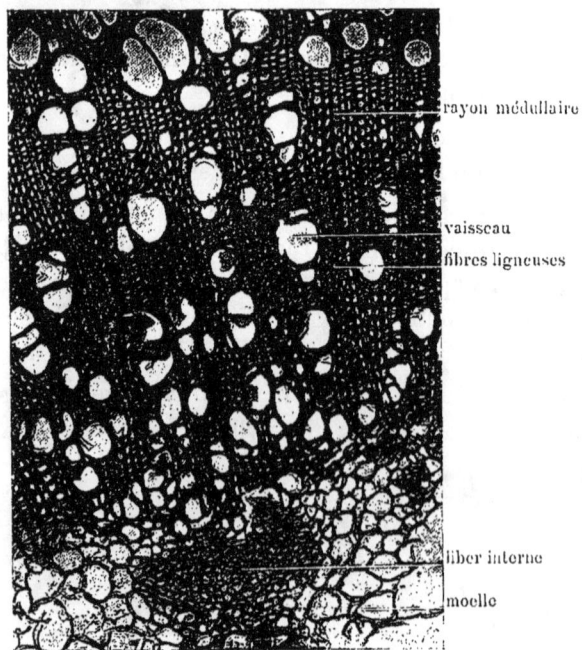

Fig. 44. — Coupe transversale de la tige de **Douce-amère**.

Pl. 28.

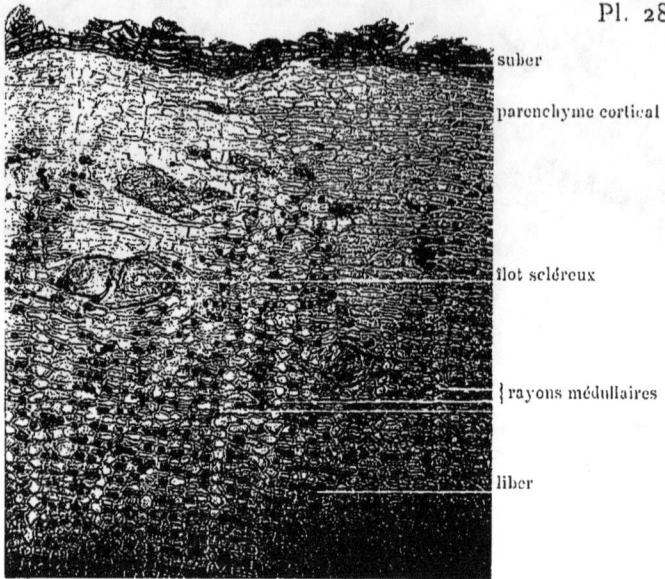

suber

parenchyme cortical

îlot scléreux

}rayons médullaires

liber

Fig. 45. — Coupe transversale de l'écorce de **Grenadier.**

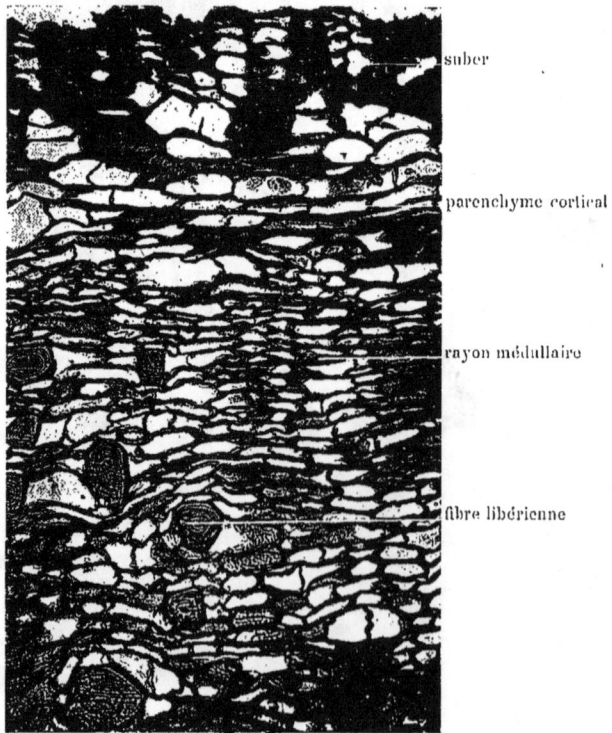

suber

parenchyme cortical

rayon médullaire

fibre libérienne

Fig. 46. — Coupe transversale de l'écorce de **Quinquina de Maracaïbo.**

ÉCORCE DE QUINQUINA.

Les **Quinquinas** sont les écorces de diverses espèces de
Cinchona (Rubiacées-Cinchonées), grands arbres originaires des
Andes où ils croissent entre le 10° lat. N. et le 20° lat. S., à une
altitude de 1600 à 2400 mètres.

Depuis près de quarante ans, les meilleures espèces sont
cultivées dans les Indes hollandaises (Java) et anglaises (Himalaya,
Neilgherries, Ceylan). Aux écorces dites *sylvestres* qui ont servi
de type, sont venues se substituer presque entièrement les
écorces de *culture* dont l'aspect et la structure varient selon l'âge
et le mode d'exploitation.

D'après la couleur de leur surface interne, les quinologistes
distinguent les écorces en Quinquinas gris, jaunes et rouges.

1° Le type des premiers est le **Quinquina de Loxa** (Équateur),
fourni par le *Cinchona officinalis* L.

En tubes de 0,5 à 2 millimètres d'épaisseur, il est « reconnais-
sable aux fentes nombreuses, fines et régulièrement espacées de
son périderme ». (Codex). (Pl. **29**, fig. 47.)

2° Le **Quinquina jaune** royal ou Calisaya provient du *Cinchona
Calisaya*. Wed. (Bolivie).

« Il est en écorces plates, mondées de leur périderme, unifor-
mément fibreuses sur toute leur épaisseur, et composé de fibres
prurientes, marquées à leur surface de sillons longitudinaux ou
encore roulées, recouvertes de leur périderme grisâtre profondément crevassé ». (Codex).

Considéré comme une simple variété du *C. Calisaya*, le *Cinchona Ledgeriana* Mœns., originaire de la Bolivie constitue la
majeure partie des plantations de Java. (Pl. **30**, fig. 48.)

3° Le **Quinquina rouge** provient du *Cinchona succirubra* Pav.
(Équateur).

« Il est en grosses écorces plates d'un brun rougeâtre, souvent
verruqueuses à leur surface ou en écorces minces roulées ou
cintrées, de couleur foncée, montrant souvent de petites verrues
sur le périderme ». (Codex). (Pl. **31**, fig. 49.)

Les écorces de quinquina offrent une structure générale semblable dans ces différents types.

Le *suber* forme des lames qui traversent souvent, plus ou
moins obliquement, toute l'écorce externe (*périderme*). Il est formé
de cellules tabulaires très colorées.

L'épaisseur du *parenchyme cortical* varie selon qu'il s'agit d'une écorce sylvestre, d'une écorce moussée ou d'une écorce renouvelée. Il est formé de cellules polygonales à grand axe tangentiel dont quelques-unes deviennent *scléreuses* ou *collenchymateuses*, et dont d'autres contiennent du *sable cristallin*. Dans sa partie interne, il présente des *éléments sécréteurs* à parois propres, à large lumen arrondi et à contenu surtout tannique.

Le *liber*, essentiellement *mou*, est parcouru par de nombreux *rayons médullaires* qui viennent se perdre dans le parenchyme cortical. Il présente des *fibres* à lumen ponctiforme, à parois épaisses canaliculées et brillantes. Isolées ou groupées, et toujours en petit nombre dans les bonnes sortes, les *fibres libériennes* sont disposées en files radiales régulières.

Les variations morphologiques et anatomiques indiquées pour distinguer les quinquinas sylvestres, aujourd'hui presque disparus, ont perdu par le fait de cette disparition une grande partie de leur importance pratique.

Les nouveaux types de culture qui ont remplacé les quinquinas sylvestres ne sont pas encore assez stables, pour qu'il ait été possible d'établir, pour chacun d'eux, des caractères propres nettement définis.

L'analyse chimique seule, c'est-à-dire le titre en alcaloïdes, permet de se renseigner sur la valeur thérapeutique d'un quinquina.

Avec ces restrictions et en tenant compte des indications fournies ci-dessus, il est facile de distinguer les bonnes sortes des sortes inférieures dans lesquelles les fibres libériennes abondent, tel le **Quinquina de Maracaïbo** (Venezuela). (Pl. **28**, fig. 46), attribué au *Cinchona cordifolia* Mutis.

La distinction est aussi très facile avec le **Quinquina** appelé **cuprea**, à cause de sa couleur cuivrée et fourni par le *Remijia pedunculata* Triana de la vallée de la Magdalena (Colombie).

Il est caractérisé anatomiquement par la présence de cellules scléreuses dans le *parenchyme cortical* et par la forme et la répartition des *fibres libériennes*. Celles-ci à contour quadrangulaire sont disposées en files radiales interrompues. Ces files, très rapprochées dans la portion moyenne de l'écorce, vont en s'atténuant et en s'espaçant vers l'extérieur. Elles manquent dans la portion interne de l'écorce qui est entièrement constituée par du *liber mou*. (Pl. **32**, fig. 50.)

Pl. 29.

suber

parenchyme cortical

élément sécréteur

fibre libérienne

liber mou

rayon médullaire

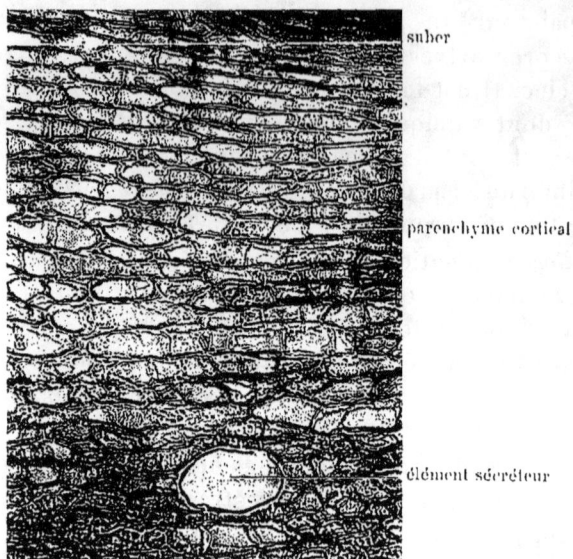

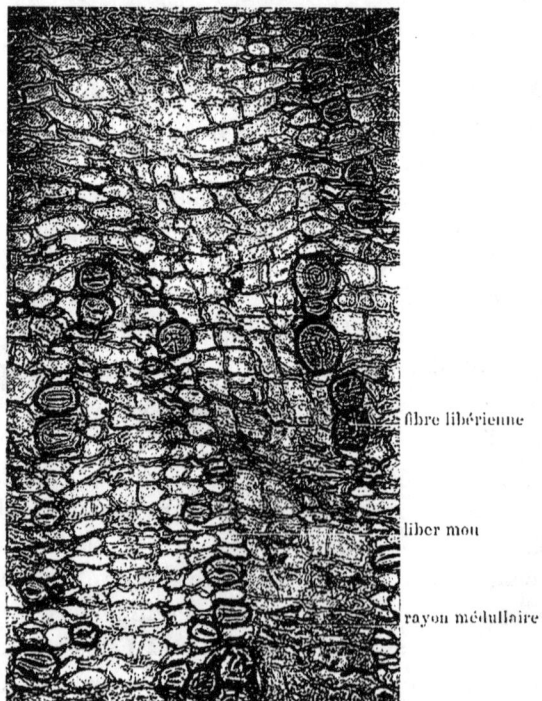

Fig. 47. — Coupe transversale de l'écorce de **Quinquina gris de Loxa**.

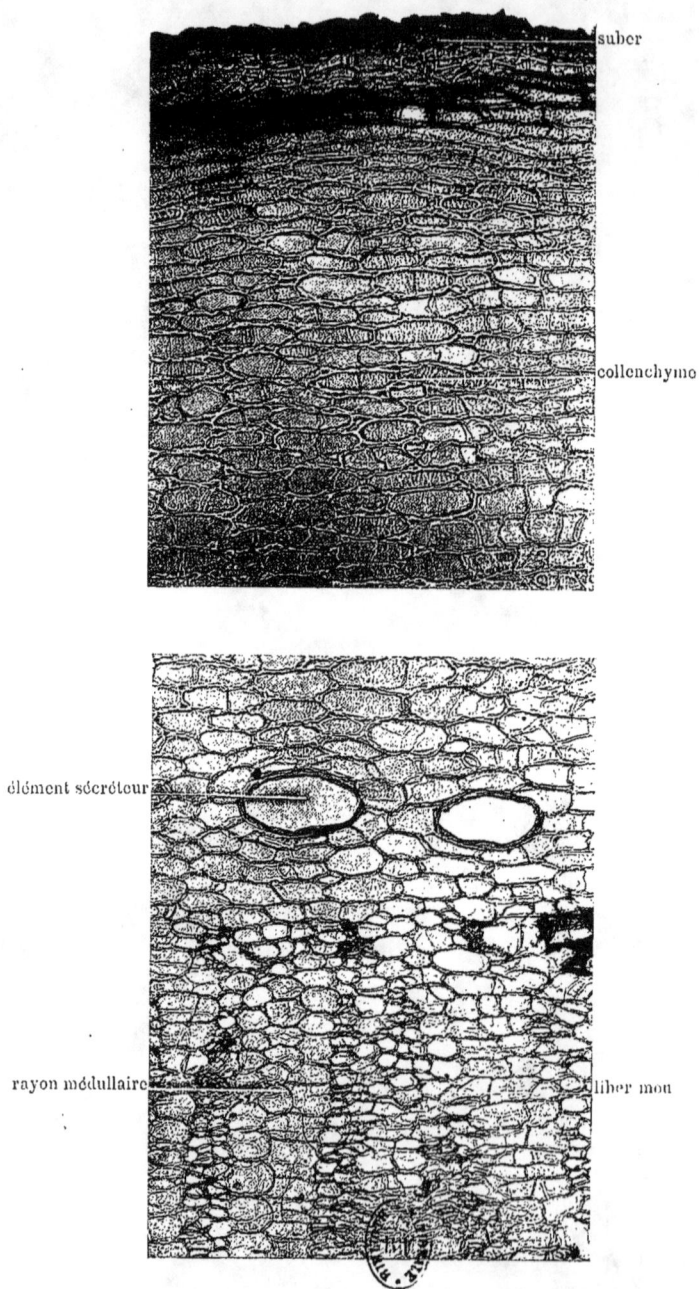

suber

collenchyme

élément sécréteur

rayon médullaire

liber mou

FIG. 48. — Coupe transversale de l'écorce de **Quinquina Ledgeriana**.

Pl. 31.

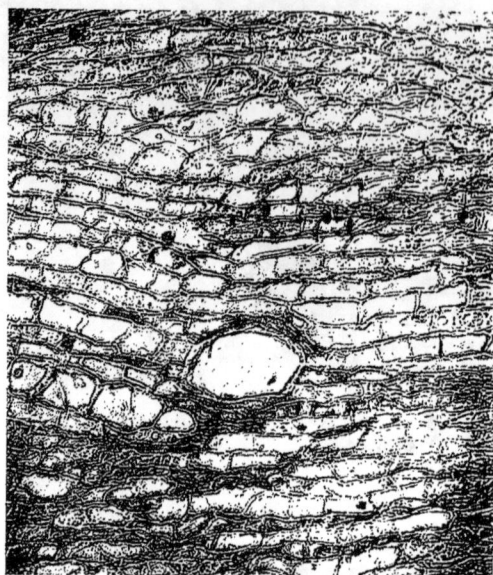

parenchyme cortical

élément sécréteur

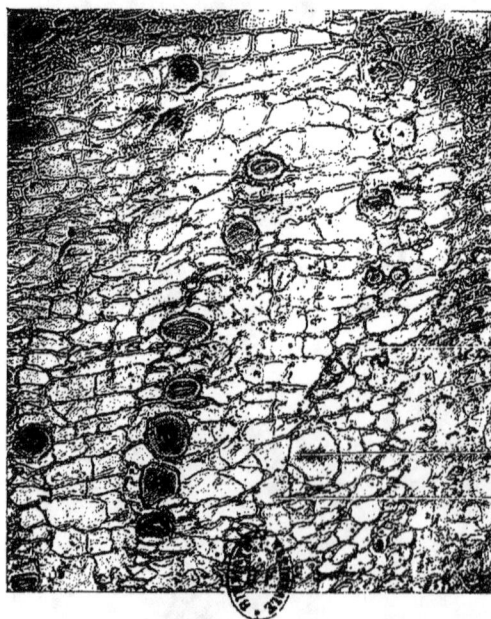

liber mou

fibre libérienne

rayon médullaire

Fig. 49. — Coupe transversale de l'écorce de **Quinquina rouge**.

Pl. 32.

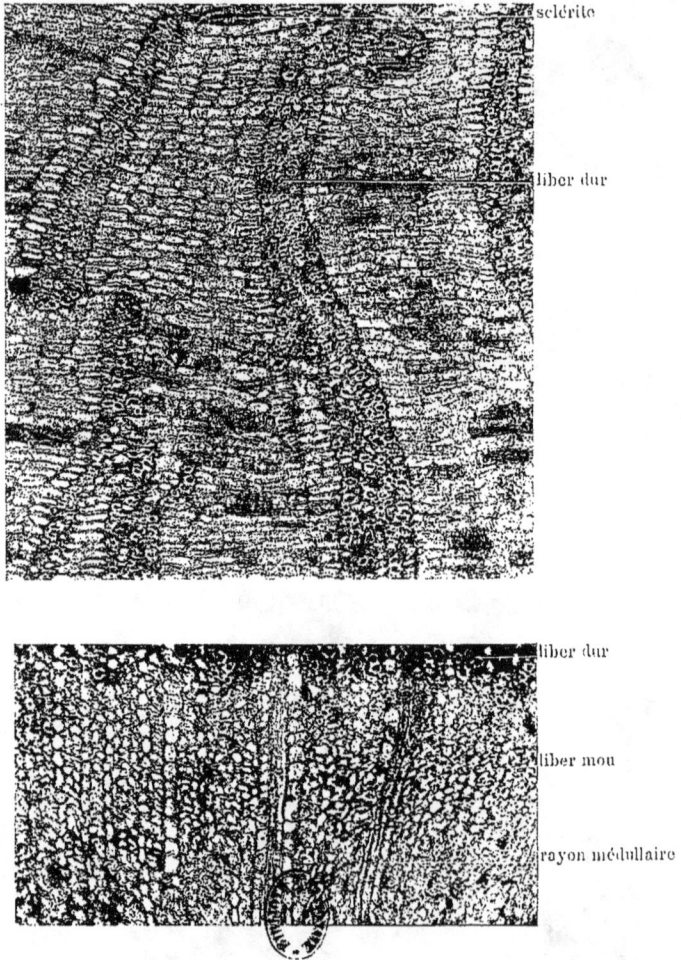

sclérite

liber dur

liber dur

liber mou

rayon médullaire

FIG. 50. — Coupe transversale de l'écorce de **Quinquina cuprea**.

QUATRIÈME SÉRIE

Feuilles.

_____

SABINE.

Le *Juniperus Sabina* L. (Junipéracées) se rencontre dans les bois des régions subalpines des Alpes et des Pyrénées.

Cet arbuste buissonnant porte des feuilles opposées de deux sortes : les unes piquantes, à pointes détachées des rameaux ; les autres en forme d'écailles étroitement appliquées sur eux, et imbriquées sur quatre rangs longitudinaux régulièrement alternants. (Pl. **33**, fig. 51.)

Selon la prédominance des rameaux de l'une ou de l'autre forme, on a distingué deux variétés appelées vulgairement l'une **Sabine mâle** (var. *cupressifolia*), l'autre **Sabine femelle** (var. *tamaricifolia*).

La plante répand une odeur forte ; la saveur est amère.

Les feuilles des deux sortes sont étroites et concavo-convexes, triangulaires dans la Sabine mâle, losangiques dans la forme dite femelle. Elles portent sur leur dos une impression elliptique correspondant à une glande sécrétrice.

La section transversale, de forme naviculaire, est plane sur la face externe, légèrement bombée sur la face interne et se prolonge par deux sortes d'ailes.

L'*épiderme*, à parois épaisses et ponctuées, est doublé sur toute la surface libre de la feuille d'un *hypoderme* formé d'éléments allongés et fortement épaissis à lumen punctiforme ou linéaire.

Le *mésophylle* homogène est constitué par du *parenchyme lacuneux* dont la rangée périphérique formée de cellules plus serrées peut être considérée comme du *tissu en palissade*.

Au centre, un faisceau *libéro-ligneux* offre à sa partie supérieure ou interne un *bois* à fibres aréolées ; le *liber* qui le coiffe est doublé par une assise de *péricycle* fibreux.

Contiguë à l'épiderme externe se trouve une *glande sécrétrice* à contour circulaire sur la coupe transversale. (Pl. 33, fig. 52.)

Les deux épidermes sont dissemblables.

L'*épiderme inférieur* (ou externe) doublé par l'*hypoderme* est formé de cellules allongées, carrées ou pentagonales.

L'*épiderme supérieur* (ou interne) seul porte des *stomates* disposés en files longitudinales entourés de cinq à six cellules de bordure de forme semi-lunaire.

MUGUET.

Le **Muguet de mai** — *Convallaria maïalis* L. — (Liliacées-Convallariées), herbe vivace des bois, est utilisé pour toutes ses parties.

Ses racines fibreuses partent d'un rhizome grêle, longuement traçant, qui émet, au printemps, une hampe florale de 10 à 15 centimètres de haut, terminée par une grappe unilatérale d'une dizaine de fleurs urcéolées à odeur suave.

Cette tige florale part entre deux feuilles entières, ovales, dressées, parallélinerviées et à pétiole longuement engainant. (Pl. 34, fig. 53.)

La structure des feuilles est très simple.

Le *mésophylle* est homogène, à cellules vertes arrondies. Il est parsemé de *lacunes* alternant avec les nervures.

Ces *nervures* sont formées de faisceaux *libéro-ligneux* dont le *bois*, situé dans la portion inférieure, est plus développé que le *liber mou*, coiffé par un arc *péricyclique fibreux*. (Pl. 35, fig. 54.)

L'*épiderme* est semblable sur les deux faces. Il porte de nombreux *stomates* disposés en sériées longitudinales comme les cellules épidermiques à contour quadrangulaire arrondi aux angles. (Pl. 35, fig. 55.)

Pl. 33.

Fig. 51. — Rameau de **Sabine**.

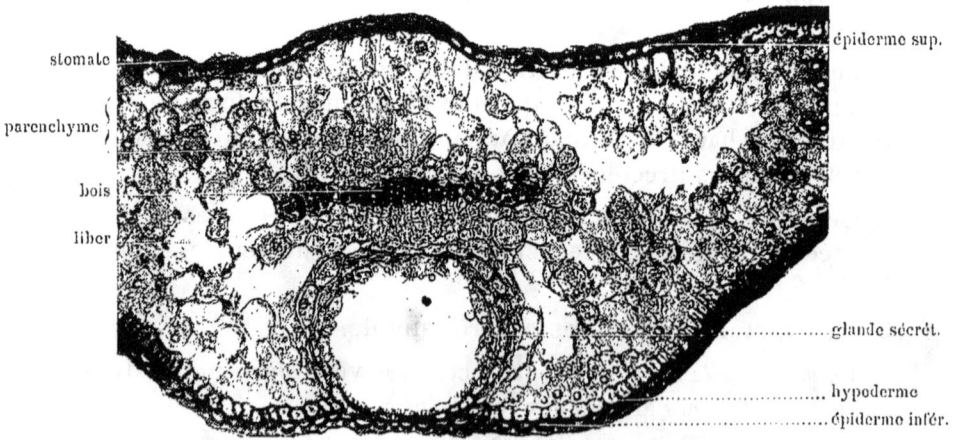

Fig. 52. — Coupe transversale de la feuille de **Sabine**.

Pl. 34.

Fɪɢ. 53. — Muguet de Mai.

Pl. 35.

épid. supér,

parenchyme

lacune

bois

liber

péricycle

épid. infér.

stomate

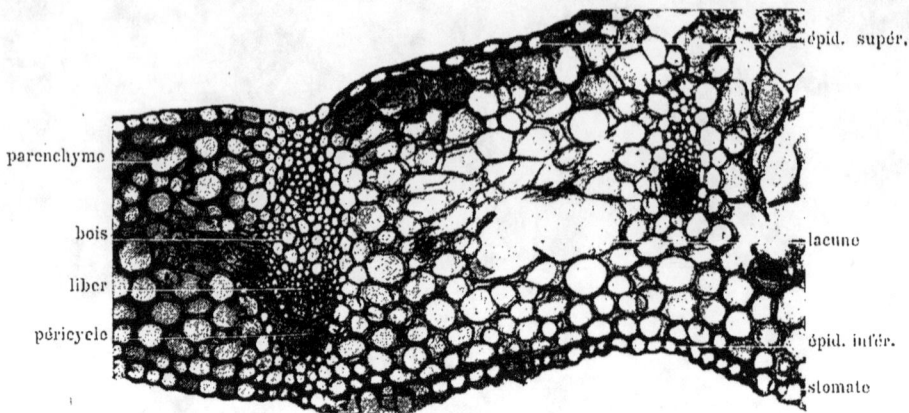

FIG. 54. — Coupe transversale de la feuille de **Muguet**.

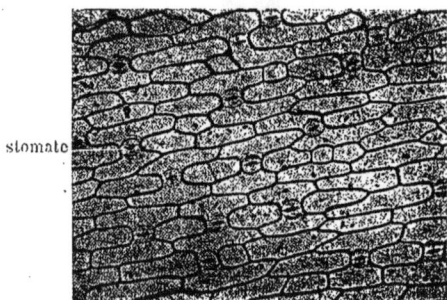

stomate

FIG. 55. — Épiderme supérieur
de la feuille de **Muguet**.

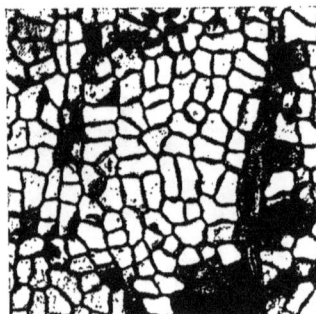

FIG. 56. — Épiderme supérieur
de la feuille de **Camphrier**.

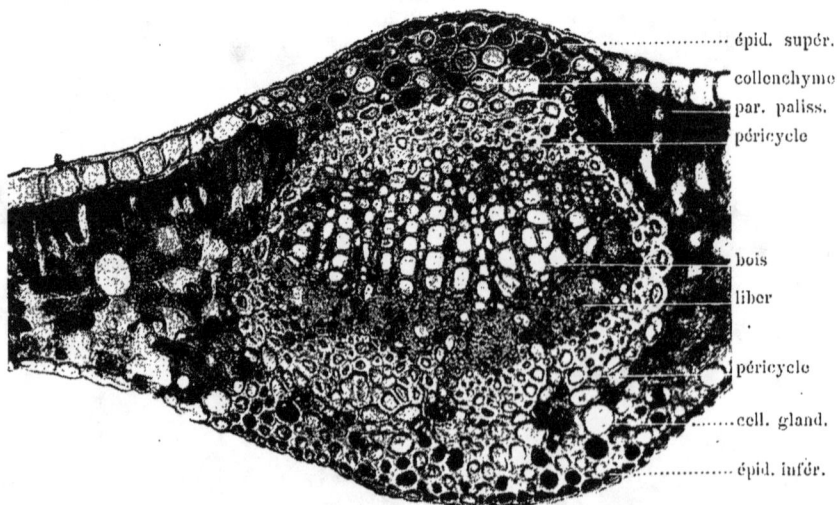

épid. supér.

collenchyme

par. paliss.

péricycle

bois

liber

péricycle

cell. gland.

épid. infér.

FIG. 57. — Coupe transversale de la feuille de **Camphrier**.

FEUILLE DE CAMPHRIER.

Le **Camphrier** — *Cinnamomum Camphora* Nees et Eberm. — est un grand arbre de la famille des Lauracées, répandu dans les îles méridionales du Japon et surtout dans l'île Formose.

Les feuilles alternes et persistantes sont portées par un pétiole grêle et mobile, leur limbe ovale et atténué aux deux extrémités atteint jusqu'à 10 centimètres de long sur 4 centimètres de large.

Coriaces, elles sont luisantes sur la face supérieure, pâles sur la face inférieure.

La nervure médiane saillante se trifurque et au point de départ des deux branches latérales s'insèrent deux saillies glandulaires.

L'arc *libéro-ligneux* de la *nervure* médiane est entièrement entouré d'un *péricycle fibreux*, doublé extérieurement sur les deux faces par du *collenchyme*.

Le *mésophylle* bifacial est parsemé de nombreuses *cellules sécrétrices* renfermant le camphre. (Pl. **35**, fig. 57.)

L'*épiderme* est formé de cellules quadrangulaires fortement cuticularisées. (Pl. **35**, fig. 56.)

FEUILLE DE LAURIER.

Le **Laurier noble**, vulgairement appelé **Laurier-sauce** — *Laurus nobilis* L. — (Lauracées), est un bel arbre à feuilles persistantes de la région méditerranéenne.

Les feuilles sont entières, courtement pétiolées, coriaces et glabres, elliptiques, lancéolées, atténuées aux deux extrémités. Elles se prolongent en pointe au sommet et atteignent jusqu'à 12 centimètres de long sur 4 centimètres de large. D'un beau vert sombre à la face supérieure, elles sont plus claires à l'autre face.

Leur odeur et leur saveur sont aromatiques.

De la nervure médiane proéminente partent à angle aigu un certain nombre de nervures secondaires dont les extrémités s'anastomosent et sont reliées par une infinité de fines nervules.

L'*épiderme*, fortement cuticularisé, est composé sur les deux faces de cellules à bords sinueux qui s'engrènent les unes dans les autres. Le *stomates* arrondis se rencontrent sur la face inférieure seulement. (Pl. **36**, fig. 60 et 61.)

Le *tissu en palissade* occupe presque la moitié du *mésophylle* où abondent de grands *idioblastes sécréteurs* contenant de l'huile volatile.

Les nervures vont d'un épiderme à l'autre. (Pl. **36**, fig. 59.)

La *nervure* médiane est protégée sur ses deux faces par un *tissu fondamental collenchymateux*.

Le *péricycle* scléreux entoure complètement le cylindre *libéro-ligneux*. (Pl. **36**, fig. 58.)

FEUILLE DE NOYER.

Originaire de l'Asie occidentale, le **Noyer** — *Juglans regia* L. — (Juglandacées) est répandu dans toute l'Europe centrale et méridionale.

Ses feuilles sont imparipennées, composées de sept à neuf folioles, les latérales subsessiles sur le rachis, la terminale plus grande et pétiolulée. (Pl. **37**, fig. 62.)

Entières, ovales, terminées en pointes à leur sommet, penninerves, elles exhalent une odeur caractéristique et ont une saveur aromatique et amère.

Les deux *épidermes* à parois fortement cuticularisées supportent des poils *glandulaires* pédicellés, les uns composés de deux, les autres de huit cellules glandulaires. L'huile volatile sécrétée soulève la cuticule en dôme.

Le système *libéro-ligneux* de la *nervure* médiane saillante sur les deux faces est formé par trois arcs fibro-vasculaires qui entourent une *moelle* triangulaire.

Chacun de ces arcs à *bois* central et à *liber mou* externe est recouvert d'une zone *péricyclique fibreuse*.

Le *parenchyme cortical* est à grandes cellules, les plus superficielles étant *collenchymateuses*.

Le *tissu en palissade* offre deux assises et le *parenchyme rameux* occupe la partie inférieure du *mésophylle* qui contient, comme le tissu fondamental des nervures, de nombreux *cristaux* maclés. (Pl. **37**, fig. 63.)

Pl. 36.

parenchyme
palissadique

par. lacuneux

épiderme supér.

collenchyme

péricycle

bois

liber

péricycle

collenchyme

épid. infér.

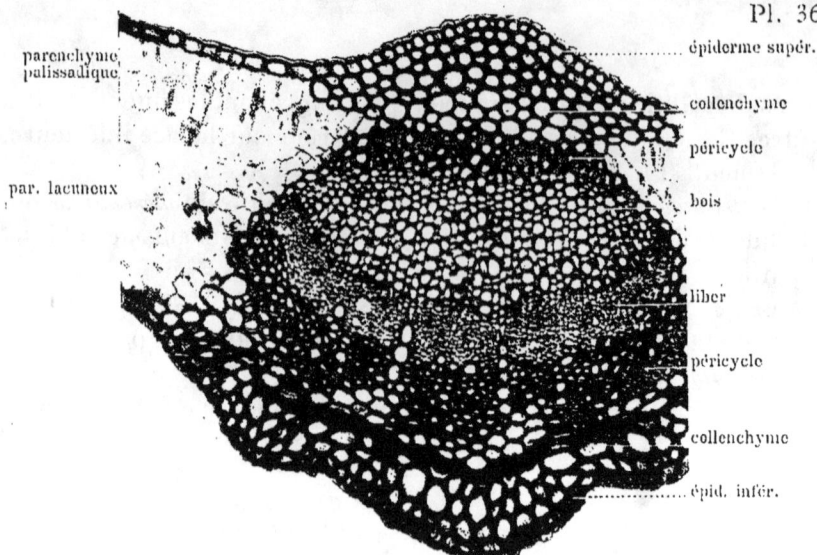

Fig. 58. — Coupe transversale de la nervure médiane.

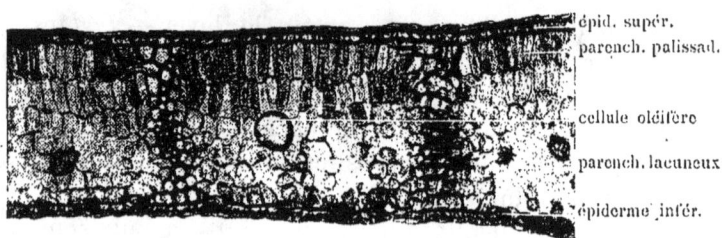

épid. supér.
parench. palissad.

cellule oléifère

parench. lacuneux

épiderme infér.

Fig. 59. — Coupe transversale du mésophylle.

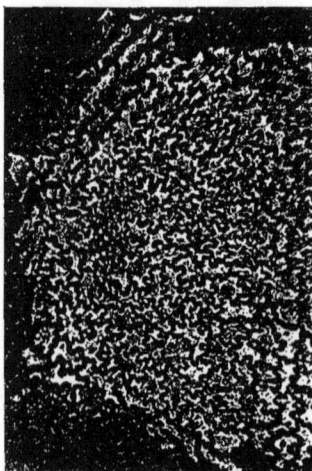

stomate

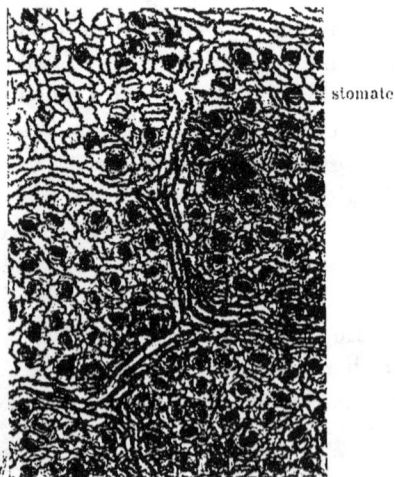

Fig. 60. — Épiderme supérieur   Fig. 61. — Épiderme inférieur
de la feuille de **Laurier noble.**

Pl. 37.

Fig. 62. — Feuille de **Noyer**.

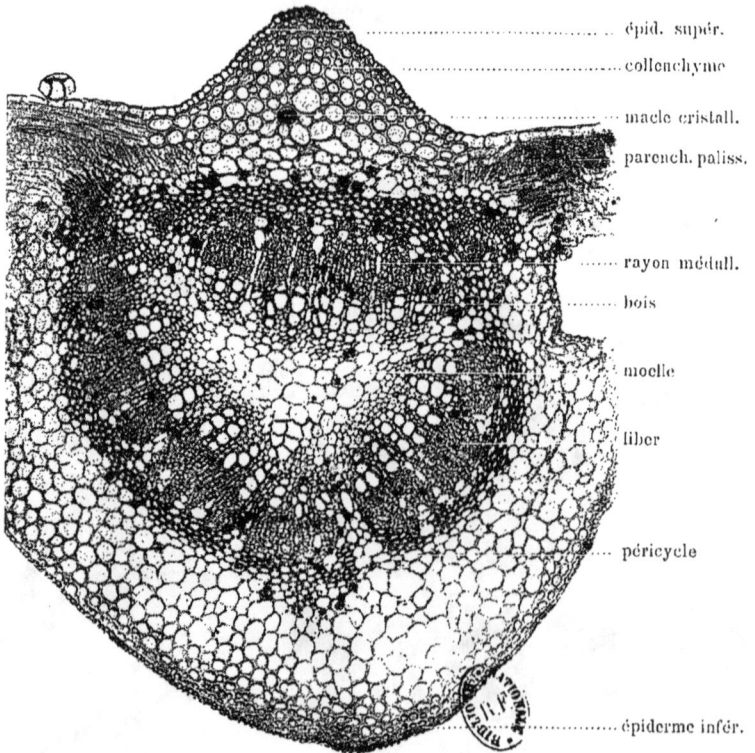

épid. supér.

collenchyme

macle cristall.

parench. paliss.

rayon médull.

bois

moelle

liber

péricycle

épiderme infér.

Fig. 63. — Coupe transversale de la feuille de **Noyer**.

BOLDO.

Le **Boldo** — *Boldoa fragrans* Gay — (Monimiacées), petit arbre du Chili, possède des feuilles persistantes, aromatiques.

Entières, ovales, de 3 à 4 centimètres de long sur 2 à 2,5 de large, à bords réfléchis, elles sont épaisses, coriaces, et présentent sur les deux faces des poils verruqueux qui les rendent rudes au toucher. (Pl. **38**, fig. 64 et 65.)

Leur odeur et leur saveur sont aromatiques et camphrées.

L'*épiderme* fortement cuticularisé porte sur les deux faces des *poils rameux* profondément implantés. (Pl. **38**, fig. 66.)

Il est doublé sur la face supérieure par une assise de cellules incolores à parois épaisses (*hypoderme*).

Le *parenchyme en palissade* offre deux couches d'éléments; le *parenchyme lacuneux* est deux ou trois fois plus épais. Tous deux, ainsi que le *parenchyme fondamental* des nervures, sont parsemés de grandes *cellules glandulaires* à huile essentielle.

La *nervure* médiane et les nervures latérales saillantes sur la face inférieure présentent, au centre d'un *tissu fondamental collenchymateux*, un système *libéro-ligneux* entouré d'un *péricycle* fibreux.

Le *bois*, formé de vaisseaux disposés en files radiales régulières séparées par des *rayons médullaires* unisériés, est coiffé sur la face inférieure par le *liber*. (Pl. **38**, fig. 67.)

FEUILLE DE COCA.

Les feuilles de **Coca** sont fournies par un petit arbuste des Andes du Pérou, — l'*Erythroxylum Coca* Lam. — (Linacées-Erythroxylées), déjà cultivé sur une large échelle avant l'arrivée des Européens et répandu aujourd'hui dans différentes régions de l'Amérique du Sud.

Courtement pétiolées, de consistance papyracée, très friables, ces feuilles atteignent 4 à 5 centimètres de long sur 2 ou 3 centimètres de large. De forme ovale, atténuées aux deux extrémités, elles sont entières et de belle couleur verte quand elles sont bien conservées.

Une infinité de nervures secondaires anastomosées se détachent de la nervure médiane. De chaque côté de celle-ci, deux lignes parallèles aux bords de la feuille et surtout visibles sur la face inférieure, circonscrivent un champ ovalaire dont la couleur brune tranche sur le vert du reste du limbe. Ces deux lignes, que l'on a appelées quelquefois à tort des nervures longitudinales, ne sont que des plis, empreintes de la préfoliaison. (Pl. 39, fig. 68.)

Leur odeur aromatique est agréable, leur saveur est amère et laisse une sensation persistante de chaleur.

Le *tissu fondamental* de la nervure est *collenchymateux* dans presque toute son épaisseur.

Le système *libéro-ligneux* a la forme d'un croissant dont la concavité est occupée par le *bois* à *vaisseaux* en files radiées et la périphérie par le *liber* entièrement mou.

Des *rayons médullaires* divisent *bois* et *liber* en cinq faisceaux que coiffe inférieurement un arc continu de fibres *péricycliques*.

Dans le *mésophylle*, le *parenchyme en palissade* occupe deux rangées de cellules.

Des *cristaux octaédriques*, souvent réunis plusieurs dans une même cellule, se rencontrent dans le parenchyme des nervures et du mésophylle. (Pl. 39, fig. 69.)

L'*épiderme supérieur*, vu à plat, se montre formé d'éléments pentagonaux subréguliers à contours rectilignes. (Pl. 39, fig. 70.)

L'*épiderme inférieur* est tout à fait caractéristique. Il est constitué par des cellules pyramidales à base polygonale et à lumen triangulaire sur la coupe. La surface libre fortement cuticularisée s'élève en pointe. (Pl. 39, fig. 69.)

À plat, cette pointe se projette sous forme d'un cercle aréolé au centre de chaque cellule, celle-ci de contour quadrangulaire.

Les *stomates* se distinguent difficilement de ces ponctuations aréolées à cause de leur ostiole rond entouré de deux cellules stomatiques semi-circulaires embrassées par deux cellules de bordure. (Pl. 39, fig. 71.)

Pl. 38.

FIG. 64. — Face supérieure.

FIG. 65. — Face inférieure.

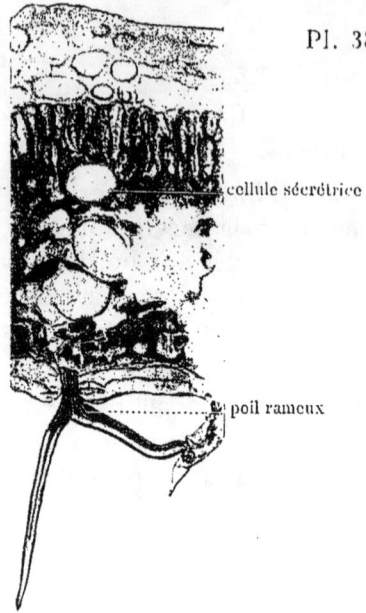

cellule sécrétrice

poil rameux

FIG. 66. — Coupe transversale
du mésophylle.

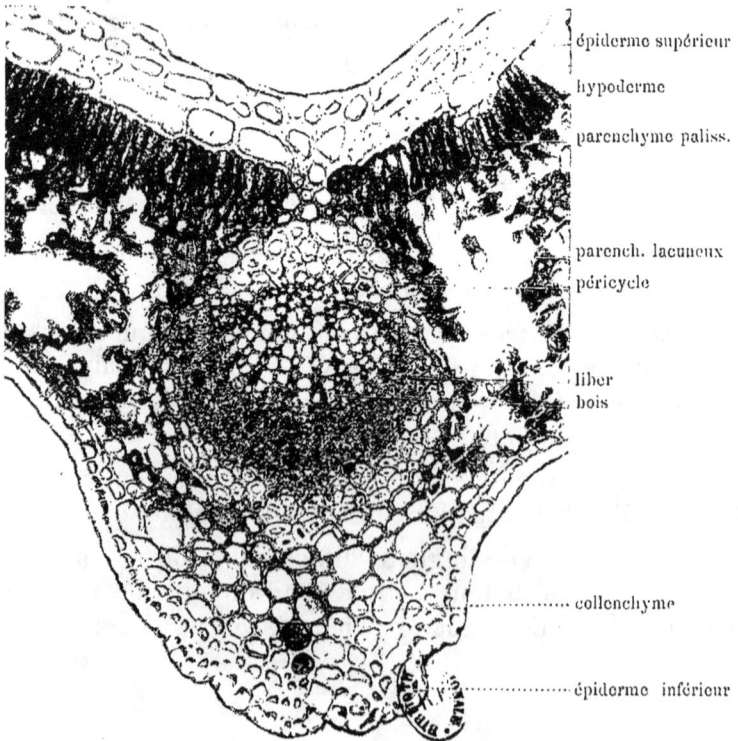

épiderme supérieur

hypoderme

parenchyme paliss.

parench. lacuneux

péricycle

liber

bois

collenchyme

épiderme inférieur

FIG. 67. — Coupe transversale de la nervure médiane de la feuille de **Boldo**.

Pl. 39.

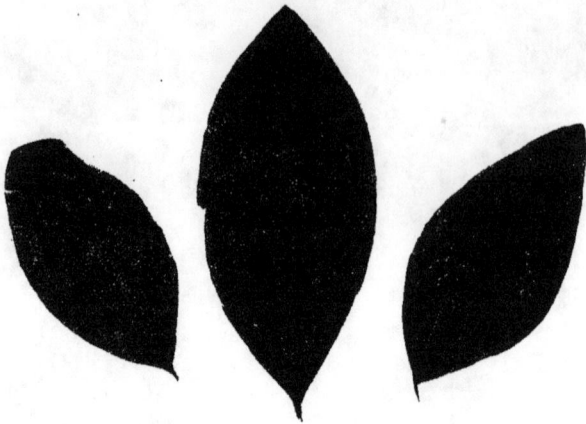

FIG. 68. — Feuilles de **Coca**.

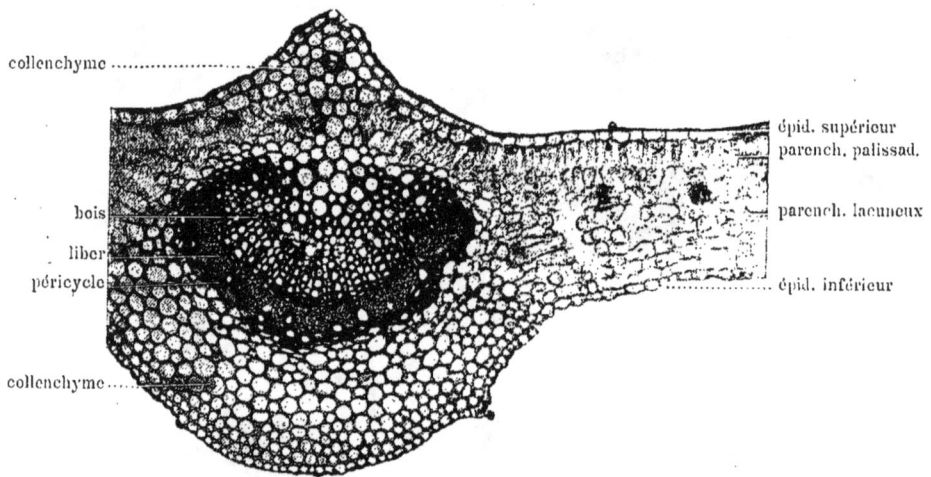

collenchyme ....

épid. supérieur
parench. palissad.

bois

parench. lacuneux

liber
péricycle

épid. inférieur

collenchyme ....

FIG. 69. — Coupe transversale.

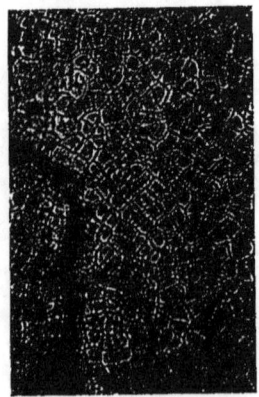

FIG. 70. — Épiderme supérieur   FIG. 71. — Épiderme inférieur
de la feuille de **Coca**.

RUË.

La **Ruë** officinale — *Ruta graveolens* L. — (Rutacées-Rutées) est une plante sous-frutescente, vivace, des lieux secs et pierreux, qui exhale une odeur forte et désagréable, d'où son nom spécifique.

Sa tige, dressée et rameuse, s'élève à environ un mètre. Les rameaux se terminent par un corymbe de fleurs jaunes.

Les *feuilles*, glauques et glabres, bi ou tripennatiséquées à segments ovales-oblongs — les terminaux obovales — sont marquées de nombreuses ponctuations pellucides. (Pl. 40, fig. 72.)

Les deux *épidermes* à cellules sinueuses portent des *stomates* moins abondants toutefois sur la face supérieure. Au-dessus des nervures, ils se doublent d'un *hypoderme* à cellules incolores.

Le *parenchyme en palissade* est composé de deux assises de cellules allongées radialement qui se poursuivent sans interruption au-dessus des nervures. Comme les éléments du *parenchyme lacuneux*, elles renferment de gros cristaux *maclés*. (Pl. **41**, fig. 74.)

Les faisceaux *libéro-ligneux*, en certain nombre au centre de la nervure, sont entourés d'un *parenchyme fondamental* à grands éléments arrondis. (Pl. **41**, fig. 73.)

De nombreuses *poches sécrétrices* se rencontrent dans tout le parenchyme foliaire.

FEUILLE D'ORANGER.

L'**Oranger** médicinal est la variété *amara* du *Citrus Aurantium* L. Connue sous le nom de **Bigaradier** elle est élevée par plusieurs auteurs au rang d'espèce : *Citrus vulgaris* Risso. — *Citrus Bigaradia* Duh. — (Rutacées-Aurantiées).

Cet arbrisseau, originaire de l'Inde, est cultivé dans la région méditerranéenne où il a été introduit par les Arabes, et peuple les orangeries des contrées plus septentrionales.

Il fournit ses feuilles, ses fleurs et ses fruits.

Les feuilles, d'un beau vert sombre, sont coriaces, glabres, ponctuées, lancéolées, acuminées au sommet et entières. Le limbe, qui atteint une longueur de 5 centimètres sur une largeur moitié moindre, est articulé sur un pétiole largement ailé ; le double aileron, de forme obcordée, atteint jusqu'à 1 centimètre de diamètre. (Pl. 43, fig. 79.)

Froissées, elles exhalent une odeur suave, leur saveur est aromatique et amère.

L'*épiderme supérieur* est constitué par des cellules quadrangulaires ou polygonales à contours rectilignes. Un certain nombre de ces cellules, plus grandes que leurs voisines, renferment un gros cristal octaédrique. (Pl. 42, fig. 77.)

L'*épiderme inférieur* dont les cellules polygonales sont à contours sinueux, porte seul des *stomates* autour desquels rayonnent au nombre de 4 ou 5 les cellules de bordure. (Pl. 42, fig. 78.)

Le *tissu en palissade* est formé de deux rangées de cellules qui passent par une série de formes intermédiaires aux éléments arrondis et irréguliers du *parenchyme lacuneux*. (Pl. 42, fig. 76.)

Des nervures nombreuses parcourent la région moyenne du limbe ; seule, la *nervure médiane* est saillante sur les deux faces. Le système *libéro-ligneux* forme un double arc que sépare un *tissu médullaire* souvent *cristalligène*. Des *sclérites péricycliques* en îlots lui forment une bordure complète.

Le tissu *fondamental* cortical est *collenchymateux* vers les surfaces libres. (Pl. 42, fig. 75.)

Dans toute l'épaisseur du parenchyme foliaire, mais plus spécialement du côté inférieur, s'ouvrent de nombreuses *poches sécrétrices* visibles à l'œil nu comme autant de ponctuations transparentes. (Pl. 42, fig. 75 et 76.)

Pl. 40.

Fig. 72. — Sommité fleurie de Ruë.

Pl. 41.

épiderme supérieur

parench. palissad.

tissu fondamental

bois

liber

hypoderme

épiderme inférieur

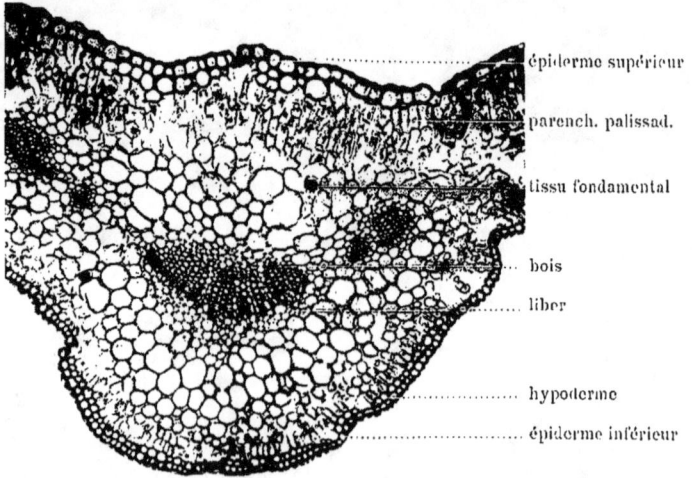

FIG. 73. — Coupe transversale de la nervure médiane.

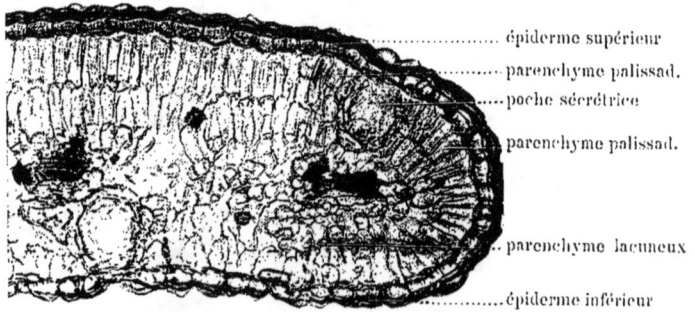

épiderme supérieur

parenchyme palissad.

poche sécrétrice

parenchyme palissad.

parenchyme lacuneux

épiderme inférieur

FIG. 74. — Coupe transversale du mésophylle de la feuille de **Ruë**.

Pl. 42.

parench. paliss.

par. lacuneux

épiderme supér.

bois

moelle

liber

péricycle

épiderme infér.

poche sécrétrice

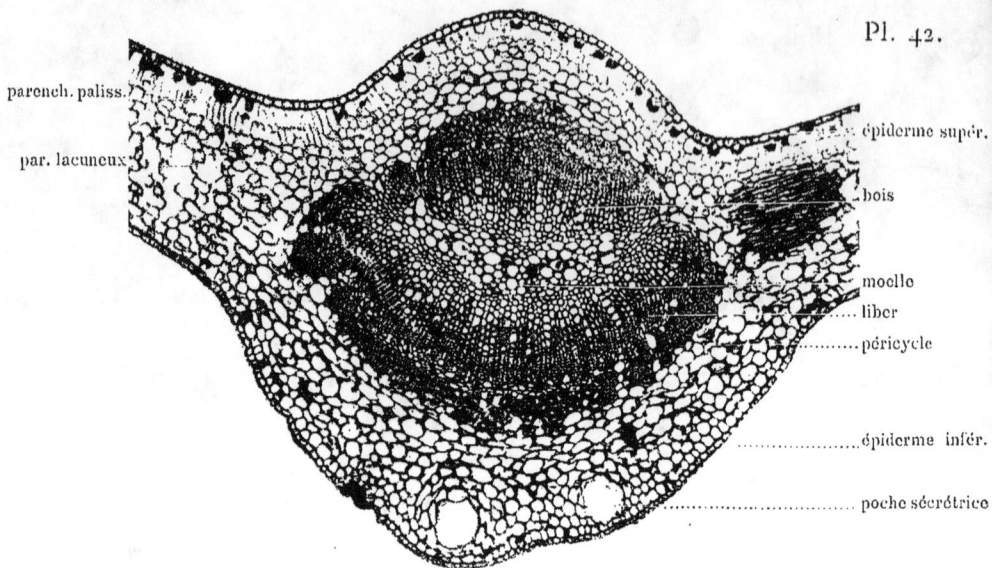

FIG. 75. — Coupe transversale de la nervure médiane.

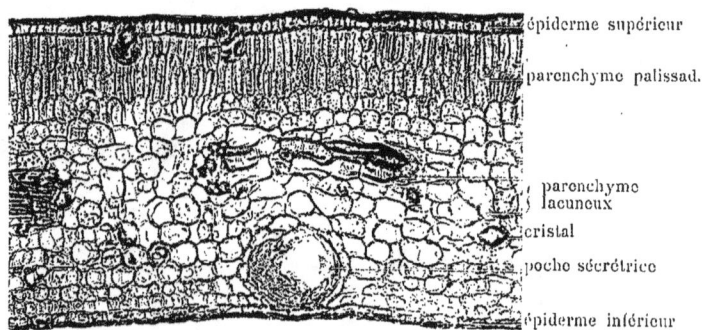

épiderme supérieur

parenchyme palissad.

parenchyme lacuneux

cristal

poche sécrétrice

épiderme inférieur

FIG. 76. — Coupe transversale du mésophylle.

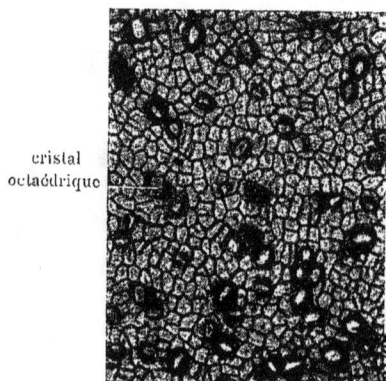

cristal octaédrique

stomate

FIG. 77 — Épiderme supérieur
de la feuille d'Oranger.

FIG. 78. — Épiderme inférieur

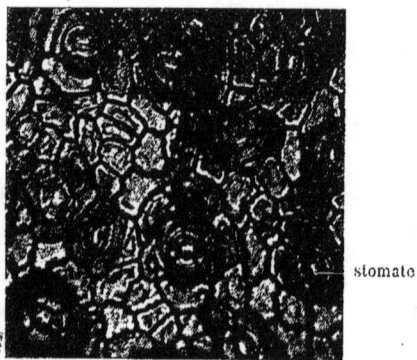

Pl. 43.

Fig. 79. — Feuille d'Oranger.

Fig. 80. — Feuille de Jaborandi.

FEUILLE DE JABORANDI.

Sous le nom de **Jaborandi**, on désigne au Brésil un certain nombre de plantes dont les propriétés sudorifiques sont utilisées depuis longtemps par les indigènes.

Les premiers Jaborandis décrits au xviiᵉ siècle paraissent appartenir aux Pipéracées ; celui qui a été introduit dans la thérapeutique européenne, il y a vingt-cinq ans, est la feuille du *Pilocarpus pennatifolius* Lem. (Rutacées-Zanthoxylées).

Depuis, les divers ports du Brésil expédient des feuilles que l'on a pu rapporter à cinq espèces voisines, mais distinctes, du *Pilocarpus pennatifolius* qui seul demeure officinal.

Ses feuilles sont imparipennées, composées de sept folioles, les latérales subsessiles, la terminale pétiolulée ; ovales, entières, atténuées à la base, elles sont échancrées au sommet. (Pl. **43**, fig. 80.)

La feuille entière mesure jusqu'à 30 centimètres de long, les folioles peuvent atteindre 15 centimètres de long sur 5 de large. Elles sont ponctuées de glandes pellucides. Leur face supérieure est lisse et glabre, colorée en vert clair ; la face inférieure, sur laquelle se dessinent en relief les nervures pennées, est grisâtre.

Vu de face, l'*épiderme supérieur* à cellules polygonales offre des stries cuticulaires très distinctes. (Pl. **44**, fig. 82.)

L'*épiderme inférieur* seul porte des *stomates* en creux entourés de trois cellules de bordure, semi-circulaires ; les cellules voisines, polygonales, à parois assez épaisses, rayonnent en nombre variable autour de l'appareil stomatique ainsi constitué. (Pl. **44**, fig. 83.)

Sur les deux faces, mais principalement sur la face inférieure, les *nodules sécréteurs* qui abondent dans le parenchyme foliaire, se traduisent par l'arrangement des cellules épidermiques susjacentes qui sont ordonnées en cercles concentriques autour d'une cellule plus grande transparente. (Pl. **44**, fig. 83.)

Le *mésophylle* n'offre qu'une assise de *cellules palissadiques* assez longues, renfermant un ou plusieurs *cristaux* maclés qui se retrouvent dans les cellules du *parenchyme lacuneux*.

Le système *libéro-ligneux* de la *nervure* médiane, très saillante sur la face inférieure, offre une *moelle centrale* autour de laquelle rayonnent de nombreux faisceaux *libéro-ligneux* séparés par des *rayons médullaires* et coiffés chacun d'un îlot distinct de *fibres péricycliques*. (Pl. **44**, fig. 81.)

FEUILLE DE THÉ.

Le produit usuel connu sous le nom de « **Thé de Chine** » est constitué par les feuilles diversement préparées et aromatisées du *Thea sinensis* L. (Théacées.)

Cet arbuste, à belles fleurs qui rappellent celles du camellia, paraît originaire de l'île d'Haï-nan d'où il aurait été introduit dans la Chine méridionale où on le cultive depuis de longs siècles. Cette culture s'est répandue en Indo-Chine, au Japon, à Java, à Ceylan, au Brésil et plus récemment dans la plupart des colonies anglaises à climat tempéré et humide (Cap, Australie).

Les feuilles sont alternes, persistantes, épaisses, coriaces, penninerves, ovales-lancéolées et atténuées à la base ; elles sont entières dans le tiers inférieur et serretées dans tout le reste de leur pourtour. Elles peuvent atteindre 8 centimètres de long sur près de 4 de largeur. (Pl. **45**, fig. 84.)

En raison de l'époque de la récolte des feuilles (c'est-à-dire de l'état de leur développement) et des manipulations qu'on leur fait subir, on divise les thés en deux grandes catégories : les **Thés verts** (Hyswen, Impérial, Chu-lan, etc.) et les **Thés noirs** (Sou-chong, Pé-kao, etc.)

Les premiers, les moins estimés, sont rapidement séchés à la poêle après leur récolte; les autres subissent une fermentation préalable qui en augmente l'arome.

La mode d'enroulement diffère également selon les sortes.

Les feuilles jeunes portent de longs *poils* unicellulaires qui laissent après leur chute une cicatrice polygonale autour de laquelle rayonnent des cellules voisines. (Pl. **45**, fig. 86.)

Les feuilles plus âgées sont entièrement glabres.

L'*épiderme inférieur* seul porte des *stomates*. Ceux-ci, orbiculaires, à ostiole largement ouverte, sont entourés de trois cellules de bordure semi-lunaires. (Pl. **45**, fig. 86.)

Le *mésophylle* offre trois assises de cellules en *palissade* et de nombreuses rangées de cellules *rameuses*.

La *nervure médiane*, convexe sur les deux faces, offre en son centre un arc *libéro-ligneux* concavo-convexe à *bois* régulièrement

Pl. 44.

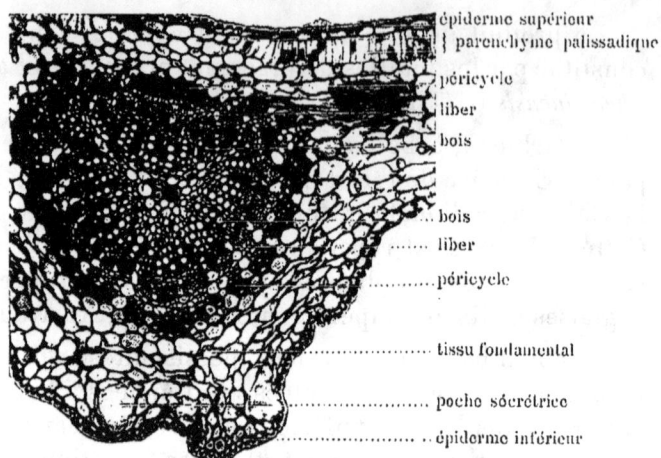

épiderme supérieur
} parenchyme palissadique
péricycle
liber
bois

bois
liber
péricycle

tissu fondamental

poche sécrétrice
épiderme inférieur

FIG. 81. — Coupe transversale.

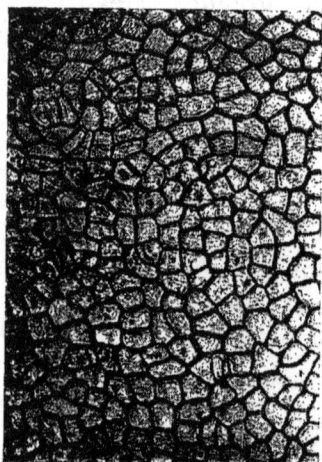

stomate

glande

FIG. 82. — Épiderme supérieur   FIG. 83. — Épiderme inférieur
de la feuille de **Jaborandi**.

Pl. 45.

Fig. 84. — Feuille de **Thé**.

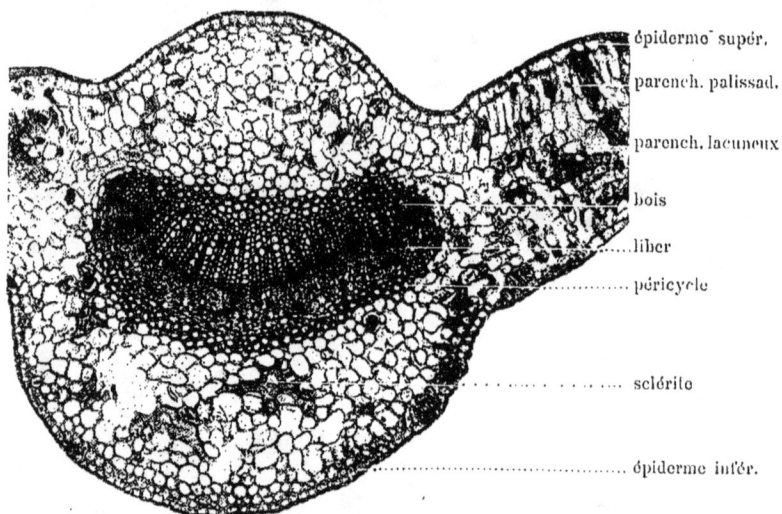

épidermo supér.

parench. palissad.

parench. lacuneux

bois

liber

péricycle

sclérite

épiderme infér.

Fig. 85. — Coupe transversale.

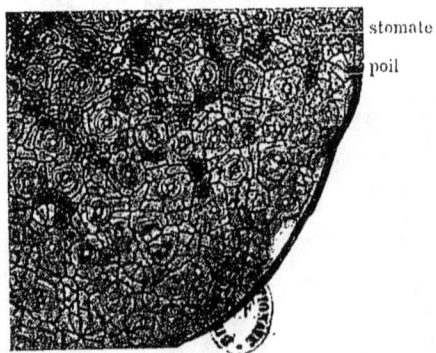

stomate

poil

Fig. 86. — Épiderme inférieur de la feuille de **Thé**.

radié et à *liber* à petits éléments qu'entoure un péricycle *fibreux*.

Les cellules du *parenchyme fondamental* sont arrondies, plus serrées et *collenchymateuses* sous les deux épidermes.

Elles renferment, comme les cellules du mésophylle, des *cristaux maclés*.

Le parenchyme des nervures, comme celui du mésophylle, est traversé par de grands *sclérites* rameux et orientés de façon très variable, passant quelquefois d'un épiderme à l'autre. (Pl. **45**, fig. 85.)

FEUILLE DE BUIS.

Le **Buis** — *Buxus sempervirens* L. — (Buxacées) est un arbuste qui abonde dans les terrains calcaires de l'Europe méridionale et centrale.

Ses feuilles opposées sont entières, à bords réfléchis, glabres, luisantes, de couleur très foncée à la face supérieure, d'un vert clair sur l'autre face.

De forme elliptique, elles ont environ 2 centimètres de long sur un de large.

Leur odeur est spéciale, et leur saveur d'une amertume désagréable.

Les deux *épidermes* sont recouverts d'une cuticule épaisse. Leurs éléments, à parois épaisses et variqueuses, ont un contour régulier et polygonal. Les *stomates* orbiculaires ne se rencontrent que sur la face inférieure. Autour d'eux rayonnent six cellules de bordure. (Pl. **46**, fig. 88 et 89.)

Le *mésophylle* bifacial offre dans sa partie supérieure trois rangées de *cellules en palissade* qui renferment, comme celles du *parenchyme lacuneux*, des *cristaux* maclés.

Un *péricycle* fibreux protège sur les deux faces l'arc *libéro-ligneux* des *nervures*. (Pl. **46**, fig. 87.)

FEUILLE DE LAURIER-CERISE.

Le **Laurier-Cerise** — *Prunus Lauro-Cerasus* L. — (Rosacées-Prunées) est un arbuste originaire de la Transcaucasie et répandu dans toutes les contrées tempérées de l'Europe-méridionale et centrale.

Ses feuilles coriaces sont ovales-oblongues, brièvement pédonculées et atténuées brusquement au sommet en une pointe obtuse ; elles peuvent atteindre jusqu'à 25 centimètres de long sur 8 de large. Le contour du limbe est découpé en dents de scie courtes et très espacées ; la nervation est pennée.

D'un vert brillant sur la face supérieure, elles sont plus pâles sur l'autre face où l'on distingue près de la base et contre la nervure médiane proéminente deux ou plus souvent quatre macules brunes, arrondies et planes, décrites comme des dépressions glandulaires. (Pl. **47**, fig. 90.)

Les feuilles fraîches froissées entre les doigts dégagent une odeur caractéristique d'amandes amères qui n'atteint toute son intensité qu'en plein été et disparaît par la dessiccation. Mâchées, elles offrent une saveur d'abord âpre et finalement amère.

Les deux *épidermes* sont revêtus d'une épaisse cuticule.

Le *tissu en palissade* offre deux assises de cellules, le *parenchyme lacuneux* occupe la portion inférieure du *mésophylle*.

Le *tissu fondamental* de la *nervure* médiane est *collenchymateux* dans ses parties superficielles. Le ou les faisceaux qui en occupent le centre sont entourés d'une gaine *endodermique* continue dont les grosses cellules arrondies ont des parois nettement plissées.

Le *péricycle* est fibreux à l'exception de quelques cellules plus grandes qui sont restées parenchymateuses.

Le *bois* en files radiées et le *liber* entièrement *mou* qui le coiffe inférieurement ont la forme d'un arc à convexité inférieure. (Pl. **47**, fig. 91.)

Les grosses cellules arrondies de l'endoderme et du péricyle, qui se détachent en gris sur cette figure, sont le siège de l'*émulsine* qui absorbe fortement les colorants.

Pl. 46.

épiderme supérieur
parench. palissad.

péricycle
bois
liber
péricycle

tissu fondamental
épiderme inférieur

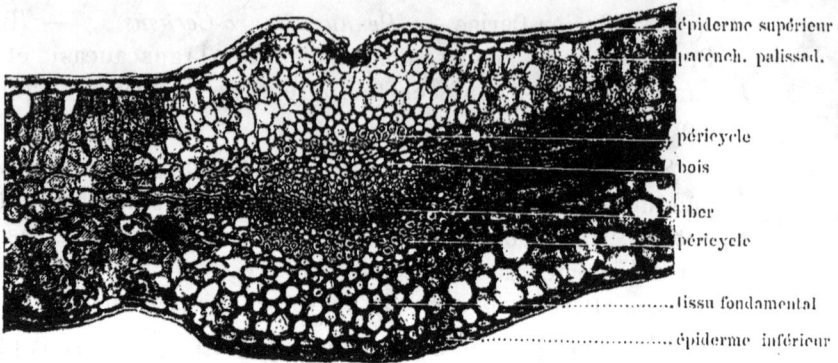

FIG. 87. — Coupe transversale.

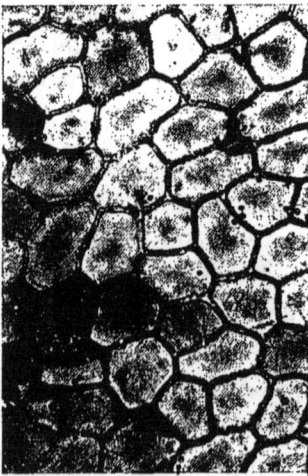

stomate

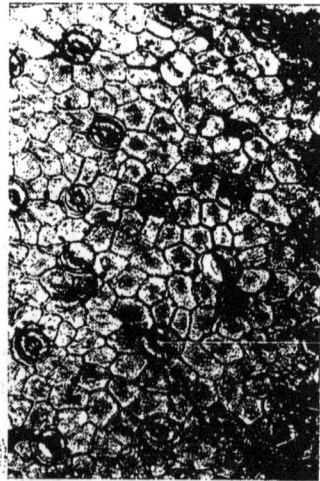

FIG. 88. — Épiderme supérieur FIG. 89. — Épiderme inférieur
de la feuille de **Buis**.

Pl. 47.

FIG. 90. — Feuille de **Laurier-Cerise**.

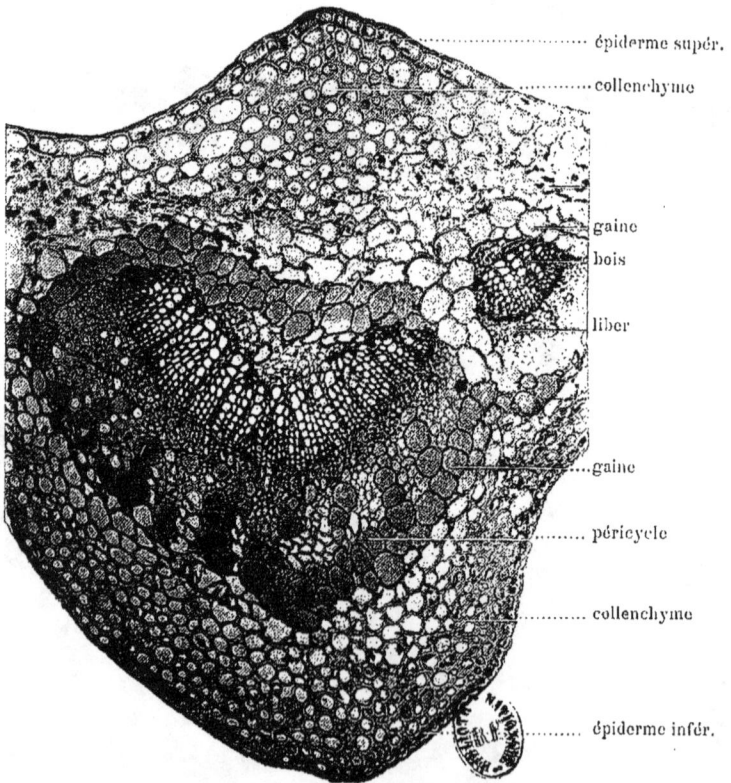

épiderme supér.

collenchyme

gaine
bois

liber

gaine

péricycle

collenchyme

épiderme infér.

FIG. 91. — Coupe transversale de la feuille de **Laurier-Cerise**.

FEUILLES DE SÉNÉ.

Sous le nom de **Séné** on désigne, en matière médicale, les folioles et les fruits (ceux-ci improprement appelés follicules) de trois espèces de *Cassia* L., de la section *Senna* Batka (Légumineuses-Césalpiniées).

Ces espèces très polymorphes sont :

Le *C. acutifolia* Del. (*C. lenitiva* Bisch.) qui croît surtout dans le Soudan oriental et qui, plus ou moins mélangé d'autres feuilles, constitue la sorte dite **de la Palte**, longtemps la plus estimée.

Le *C. obovata* Coll. de la même région qui fait la base du **Séné de Tripoli.**

Enfin le *C. angustifolia* Vahl., d'origine asiatique (Arabie, Inde), qu'on cultive actuellement aux Indes et auquel, sous le nom de **Séné de Tinnevelly,** on donne aujourd'hui la préférence à cause de sa pureté et de son uniformité.

Ce sont les folioles de cette dernière espèce qui sont figurées Pl. **48**, fig. 92.

Elle offre avec les autres Sénés les caractères distinctifs suivants : les folioles détachées du rachis sont brièvement pétiolées, cordiformes et asymétriques à la base, mucronées au sommet. De la nervure médiane, saillante à la face inférieure, se détachent sous un angle très aigu des nervures secondaires qui, après s'être rapprochées du bord de la feuille, courent presque parallèlement le long de celui-ci et qui, reliées les unes aux autres par des nervures plus fines, s'anastomosent entre elles.

Les folioles du *C. angustifolia* sont lancéolées, étroites, atténuées aux deux extrémités et atteignent 5 à 6 centimètres de long sur 1 de large. Leur pointe acuminée se termine par un mucron, prolongeant au delà du limbe la nervure médiane. De couleur vert clair sur la face inférieure, elles sont vert jaunâtre sur l'autre face.

Les caractères anatomiques des différentes espèces de Séné sont identiques.

Les deux *épidermes* sont semblables, fortement cuticularisés et cireux. Ils portent tous deux des *stomates* et des *poils*. Les cellules épidermiques vues de face sont régulièrement polygonales. Les *cellules stomatiques* sont embrassées chacune par une cellule de bordure dont le grand axe est parallèle à celui de l'ostiole.

Les *poils* sont simples, unicellulaires, rigides, à parois épaisses et verruqueuses. La cellule épidermique sur laquelle ils s'insèrent est plus petite que les cellules voisines qui rayonnent autour d'elle. (Pl. **48**, fig. 94.)

Le *parenchyme en palissade* est formé de deux assises ; le *parenchyme lacuneux* est deux fois plus épais.

La *nervure médiane* est recouverte sur la face supérieure par le *parenchyme en palissade ;* le *tissu fondamental* qui coiffe la moitié inférieure saillante est *collenchymateux.*

Un *îlot péricyclique* pénètre en coin au-dessus du *bois*, à grands *vaisseaux* radiés, unisériés et séparés par autant de *rayons médullaires*.

Le *liber mou*, de forme demi-circulaire, est entouré d'un arc *péricyclique*. (Pl. **48**, fig. 93.)

Pl. 48.

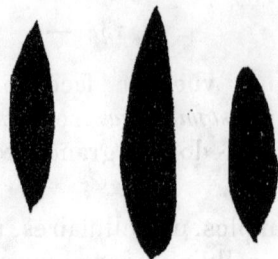

FIG. 92. — Feuilles de **Séné de Tinnevelly.**

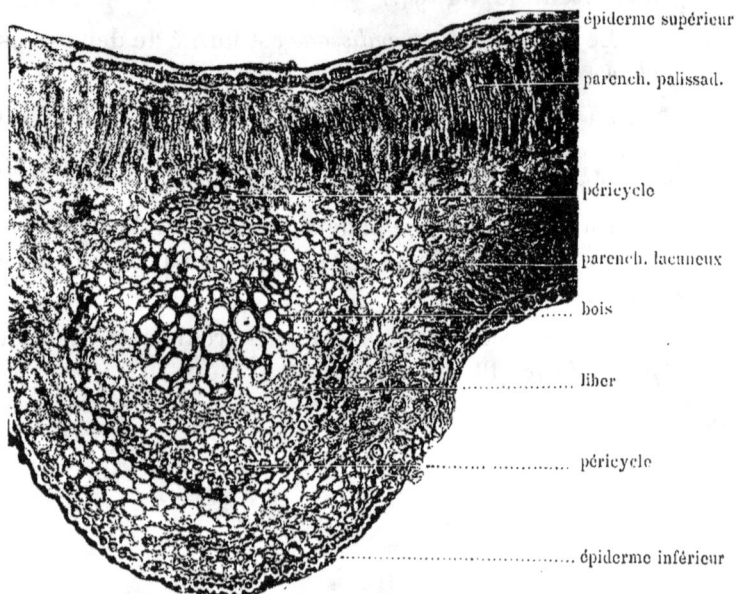

épiderme supérieur

parench. palissad.

péricycle

parench. lacuneux

bois

liber

péricycle

épiderme inférieur

FIG. 93. — Coupe transversale.

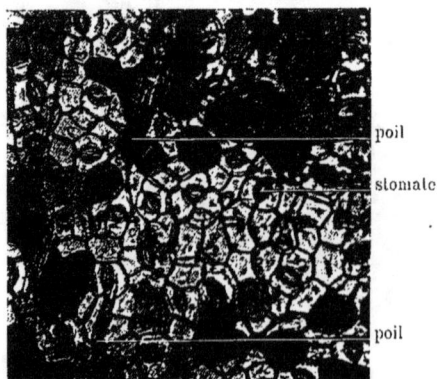

poil

stomate

poil

FIG. 94. — Épiderme inférieur de la feuille de **Séné de Tinnevelly.**

FEUILLES D'EUCALYPTUS.

L'*Eucalyptus globulus* Labil. (Myrtacées) est un bel arbre originaire d'Australie et cultivé maintenant dans toute la région méditerranéenne et au Brésil.

Les feuilles sont de deux sortes :

Toutes deux, glabres et ponctuées de glandes pellucides, répandent une odeur spéciale légèrement bitumineuse. Leur saveur aromatique et amère laisse une sensation agréable de fraîcheur.

Leur nervation est constituée sur le même type : de la nervure médiane partent un certain nombre de nervures secondaires qui, avant d'arriver aux bords, se relient l'une à l'autre en une sorte de nervure marginale ondulée. (Pl. **49**, fig. 95.)

Les deux formes de feuilles se succèdent sur le même arbre. Les unes, dites du premier stade, de consistance molle, sont glauques, horizontales, opposées, sessiles sur des rameaux carrés et ailés. Ovales, cordiformes, à oreillette embrassante à la base, obtuses au sommet, elles atteignent 10 à 12 centimètres de longueur sur une largeur moitié moindre.

Les autres, dites du second stade, rigides et coriaces, n'apparaissent qu'à la troisième année de végétation de l'arbre. Elles sont insérées presque verticalement sur des rameaux arrondis. Alternes, assez longuement pétiolées, falciformes, arrondies ou légèrement cordées à la base, elles sont très aiguës au sommet. Très étroites, elles atteignent jusqu'à 20 centimètres de long; leur largeur à la base ne dépassant pas 4 à 5 centimètres. Comme le rameau qui les porte, leur pétiole et leur nervure sont d'une couleur rouge qui tranche sur le vert sombre du limbe.

Les deux formes de feuilles diffèrent encore par leur structure.

Dans les feuilles du premier stade, l'*épiderme inférieur* seul porte des stomates et le *parenchyme en palissade*, qu'on trouve sur les deux faces, n'est formé que par une seule assise de cellules plus courtes sur la face inférieure que sur l'autre face.

Le commerce livrant surtout des feuilles du deuxième stade, c'est leur structure que nous allons décrire.

L'*épiderme*, fortement cuticularisé, est constitué sur les deux faces de cellules polygonales, à contours rectilignes, qui s'ordonnent en rayonnant autour de *stomates* elliptiques et d'espaces arrondis qui correspondent aux *poches sécrétrices*. (Pl. **50**, fig. 98 et fig. 99.)

Les organes sécréteurs, de dimensions considérables, visibles à l'œil nu, se rencontrent aussi bien dans le parenchyme fondamental des nervures que dans le mésophylle, leurs cellules de bordure s'exfolient et marquent de leurs débris le contour de la glande.

Le *mésophylle* est formé de cellules quadratiques allongées dans le sens radial et dont les dimensions diminuent de l'extérieur vers l'intérieur. Elles renferment des *cristaux* de deux sortes : les uns en octaèdres, les autres maclés en oursins.

Sur la face inférieure du limbe, on trouve souvent des plaques brunes constituées par un véritable *suber*, d'où le nom de *nodules subéreux* qu'on a donné à ces formations. (Pl. **49**, fig. 96.)

Le *tissu fondamental* qui entoure les faisceaux de la *nervure* médiane est *collenchymateux* dans presque toute son épaisseur.

Les faisceaux affectent la forme d'un fer à cheval à branches plus ou moins repliées. Le *bois*, dont les *vaisseaux* et les *fibres* sont ordonnés en files rayonnantes, est enveloppé par le *liber mou* que protège une couche continue de *fibres péricycliques*. (Pl. **50**, fig. 97.)

Pl. 49.

FIG. 95. — Rameau d'Eucalyptus.

épid. supérieur

parenchyme
poche sécrétrice

nodule subéreux

épiderme inférieur

FIG. 96. — Coupe transversale du mésophylle de la feuille d'Eucalyptus.

épiderme supérieur
collenchyme

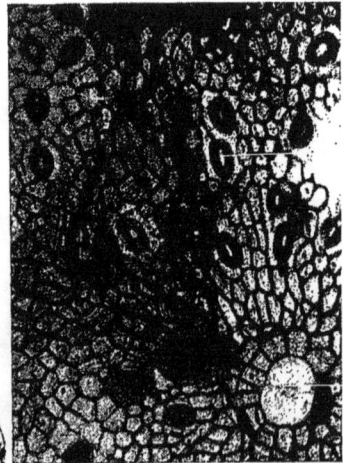

péricycle

bois
liber
péricycle
parenchyme fondamental

poche sécrétrice
épiderme inférieur

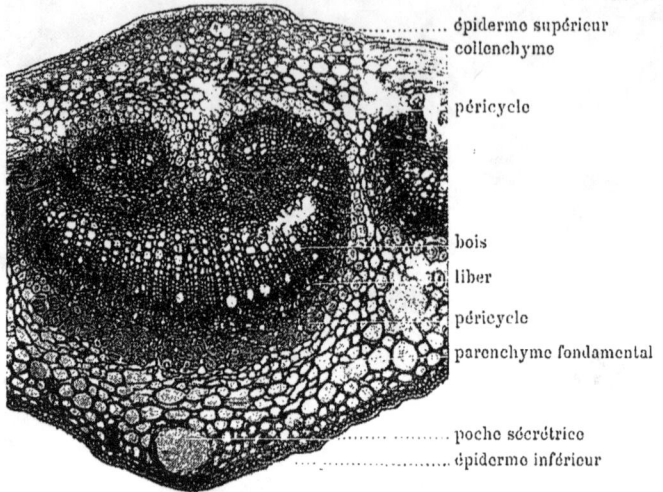

FIG. 97. — Coupe transversale de la nervure médiane.

stomate

glande

FIG. 98. — Épiderme supérieur   FIG. 99. — Épiderme inférieur
de la feuille d'**Eucalyptus**.

FEUILLE D'HAMAMELIS.

Le *Supplément* du Codex a inscrit l'écorce et les feuilles de l'**Hamamelis** — *Hamamelis Virginica* L. — (Saxifragacées-Hamamélidées).

Cet arbuste de l'Amérique du Nord a le port et la foliaison du noisetier, d'où le nom de « Witch-Hazel » (noisetier de sorcière), qu'il porte dans son pays d'origine.

Les feuilles alternes, courtement pétiolées, offrent un limbe de forme rhombique dont les bords inférieurs sont rectilignes et entiers, les bords supérieurs sont incisés-dentés, à dents et à sinus obtus. Asymétriques à la base, elles sont penninerves; les nervures secondaires alternes se terminent au sommet des dents. En creux sur la face supérieure, saillantes sur l'autre face, elles sont reliées l'une à l'autre par des nervures plus fines disposées comme les barreaux d'une échelle. Les feuilles ont 8 à 10 centimètres de long sur 6 à 7 centimètres de large. (Pl. **52**, fig. 104.)

Les cellules des deux *épidermes* sont polygonales, à contour sinueux. L'*épiderme inférieur* seul porte des *stomates* petits, elliptiques, entourés de quatre cellules de bordure dont deux sont parallèles au grand axe de l'ostiole et embrassent les cellules stomatiques, les deux autres étant perpendiculaires à la direction de celles-ci. (Pl. **51**, fig. 103.)

Le *mésophylle* n'offre qu'une rangée de *cellules palissadiques* et quatre ou cinq assises de *cellules rameuses*, quelques-unes plus grandes et fortement épaissies.

La *nervure médiane*, incurvée sur la face supérieure, très bombée et saillante sur l'autre face, porte des poils *rameux*. (Pl. **51**, fig. 101.)

La périphérie du *tissu fondamental* est collenchymateuse. Ce même tissu protège à la face supérieure le système *libéro-ligneux* qui offre la disposition très caractéristique de deux faisceaux superposés. Dans le supérieur, plus petit, le *bois* a une forme lenticulaire, il est entouré de *liber mou*; dans l'inférieur, beaucoup plus grand, le *bois* et le *liber* ont la forme de deux anneaux concentriques, le premier entoure une *moelle centrale* et le second est entouré d'un cercle complet de *péricycle fibreux*.

On trouve des *cristaux* : *octaédriques*, dans la portion périphérique du faisceau; *maclés*, dans le reste du parenchyme fondamental (Pl. **51**, fig. 100.)

FEUILLE DE CASSIS.

Le **Cassis** — *Ribes nigrum* L. — (Saxifragacées-Ribésiées) est originaire de l'Europe septentrionale.

Cet arbuste, de 1 à 2 mètres de haut, porte des feuilles longuement pétiolées, à trois lobes aigus, incisés-dentés. (Pl. **52**, fig. 105.)

Froissées entre les mains, elles dégagent une odeur caractéristique. Leur saveur est aigrelette et âpre.

La *nervure médiane*, très proéminente sur la face inférieure, offre un *épiderme* fortement cuticularisé à petits éléments dont quelques-uns se prolongent en *poils* simples et droits.

Le *parenchyme fondamental* est collenchymateux dans les deux couches sous-épidermiques.

Le *faisceau libéro-ligneux* qui occupe le centre de la nervure, affecte la forme d'un arc à éléments en files radiales régulières. (Pl. **53**, fig. 106.)

L'*épiderme supérieur* du *mésophylle* présente des cellules polygonales, à contours sinueux fortement engrenés les uns dans les autres. (Pl. **53**, fig. 107.)

L'*épiderme inférieur*, à contours moins sinueux, offre des *stomates* entourés de quatre à cinq cellules et de grosses *glandes* visibles à l'œil nu. Celles-ci, de couleur jaune, sont sessiles. Les cellules polygonales qui les constituent rayonnent irrégulièrement autour de leur sommet déprimé. (Pl. **53** fig. 108.)

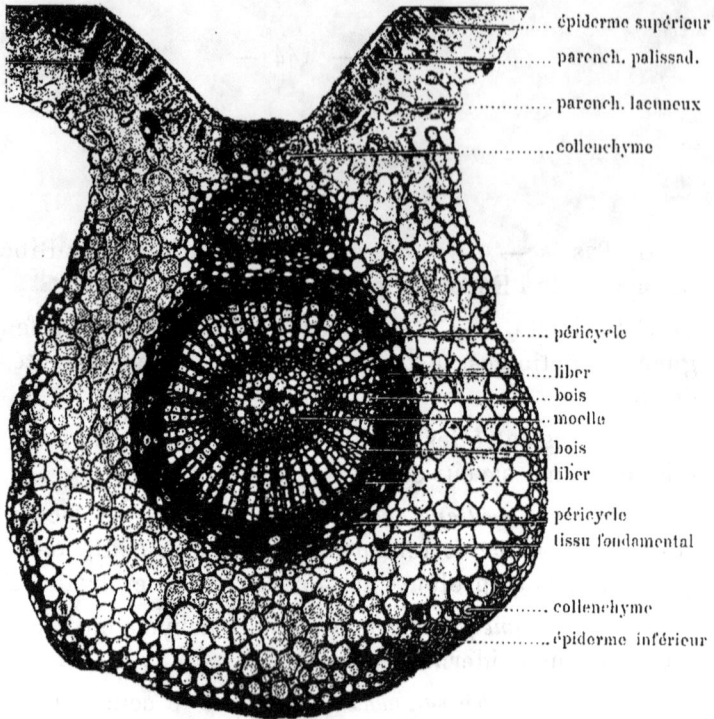

épiderme supérieur
parench. palissad.
parench. lacuneux
collenchyme

péricycle
liber
bois
moelle
bois
liber
péricycle
tissu fondamental
collenchyme
épiderme inférieur

FIG. 100. — Coupe transversale de la nervure médiane.

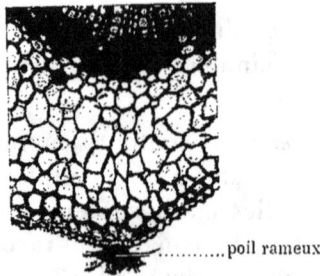

FIG. 101.   poil rameux

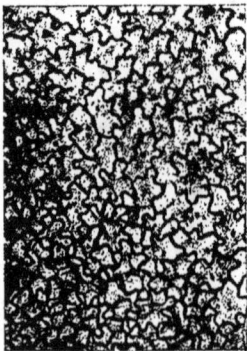

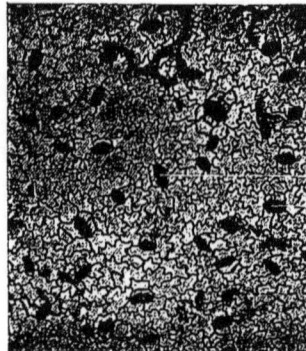

stomates

FIG. 102. — Epiderme supérieur   FIG. 103. — Epiderme inférieur
de la feuille d'**Hamamelis**.

Pl. 52.

Fig. 104. — Rameau d'**Hamamelis**.

Fig. 105. — Rameau de **Cassis**.

Pl. 53.

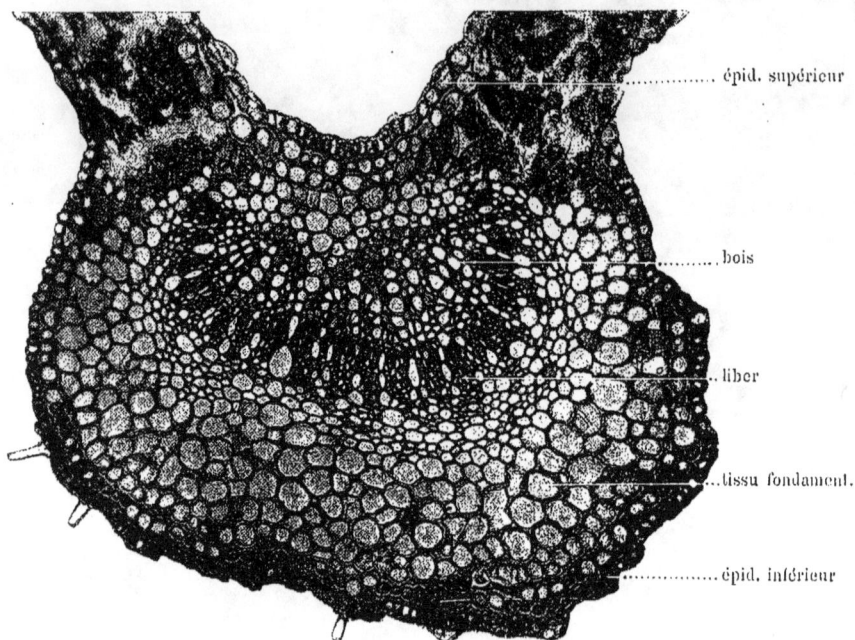

épid. supérieur

bois

liber

tissu fondament.

épid. inférieur

FIG. 106. — Coupe transversale.

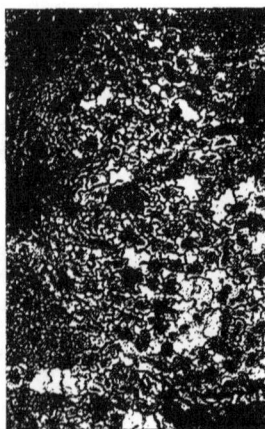

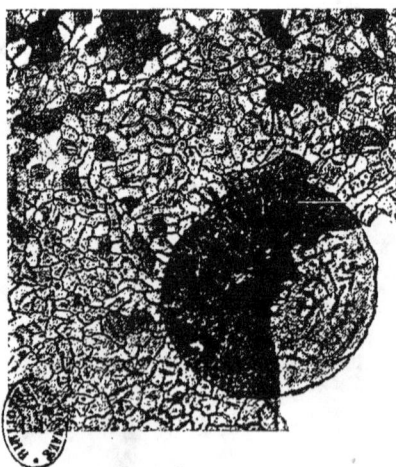

glande

FIG. 107. — Épiderme supérieur   FIG. 108. — Épiderme inférieur
de la feuille de **Cassis**.

FEUILLE D'ARBOUSIER.

L'**Arbousier** — *Arbutus Unedo* L. — (Éricacées-Arbutées) est répandu sur les coteaux arides de toute la région méditerranéenne.

Ce petit arbre porte des feuilles de forme ovale-oblongue, à bords dentés. (Pl. **55**, fig. 112.)

L'*épiderme*, à éléments en hexagones réguliers, ne présente de *stomates* que sur la face inférieure. (Pl. **54**, fig. 110 et 111.)

Le *tissu en palissade* est constitué par deux assises; le *parenchyme lacuneux*, beaucoup plus développé, comprend un grand nombre de couches de cellules irrégulières.

Le *tissu cortical* de la *nervure* médiane est *collenchymateux* dans sa portion externe.

Le système *libéro-ligneux* a la forme d'un anneau complet qui entoure une *moelle* centrale.

Les éléments du *péricycle* ne sont pas sclérifiés. (Pl. **54**, fig. 109.)

FEUILLE DE PERVENCHE.

Le Codex inscrit les feuilles de deux espèces très voisines de **Pervenche**, la Grande — *Vinca major* L. — et la Petite — *Vinca minor* L. — (Apocynacées.)

Le *Vinca major* L., figuré Pl. **55**, fig. 113, est une herbe vivace, stolonifère, rampante. Les feuilles sont opposées, cordiformes, penninerves et ciliées sur les bords. Les fleurs axillaires offrent une corolle rotacée bleue. Cette plante des bois est fréquemment cultivée comme ornementale.

La *nervure médiane*, saillante sur les deux faces, offre un ou plusieurs faisceaux *libéro-ligneux* à *bois* central et à *liber externe* et *interne*; le *parenchyme fondamental* est à grandes cellules arrondies.

Le *tissu en palissade* du *mésophylle* est constitué par une assise de cellules; le *parenchyme rameux* est beaucoup plus développé. (Pl. **56**, fig. 114.)

L'*épiderme supérieur*, à éléments polygonaux légèrement curvilignes, porte sur la nervure et sur les bords des *poils* unicellulaires très courts. (Pl. **56**, fig. 115.)

Les cellules de l'*épiderme inférieur* ont les bords ondulés.
Deux cellules de bordure à grand axe parallèle à l'ostiole entourent
les *stomates*. (Pl.**56**, fig. 116.)

FEUILLE DE MENYANTHE.

Le *Menyanthes trifoliata* L. (Gentianacées) est une plante aqua-
tique indigène qui tire son nom vulgaire de **Trèfle d'eau** de
son habitat et de la conformation de ses feuilles. Celles-ci sont
composées de trois folioles entières, obovales, charnues, supportées par un long pétiole commun. (Pl. **58**, fig. 120).

Le *mésophylle*, parcouru par de nombreuses nervures, est constitué par un tissu régulièrement criblé de *lacunes aérifères*. Celles-ci,
de forme arrondie, sont bordées chacune par une assise annulaire
de cellules à contours réguliers.

Chacun des *épidermes* est doublé d'une ou de deux assises de
cellules plus allongées du côté supérieur que de l'autre côté correspondant au *tissu en palissade*.

Les arcs *libéro-ligneux* des *nervures* sont également entourés
par un tissu plus dense. (Pl. **57**, fig. 117.)

Les deux *épidermes* présentent des *stomates*. Ceux-ci sont rares
sur l'*épiderme supérieur* qui est formé de cellules polygonales à
contours rectilignes. (Pl. **57**, fig. 118.)

Ils sont plus abondants sur l'*épiderme inférieur* dont les éléments ont des parois ondulées. (Pl. **57**, fig. 119.)

Pl. 54.

épid. supérieur

collenchyme

par. palissad.

liber

bois

par. lacuneux

péricycle

épid. inférieur

collenchyme

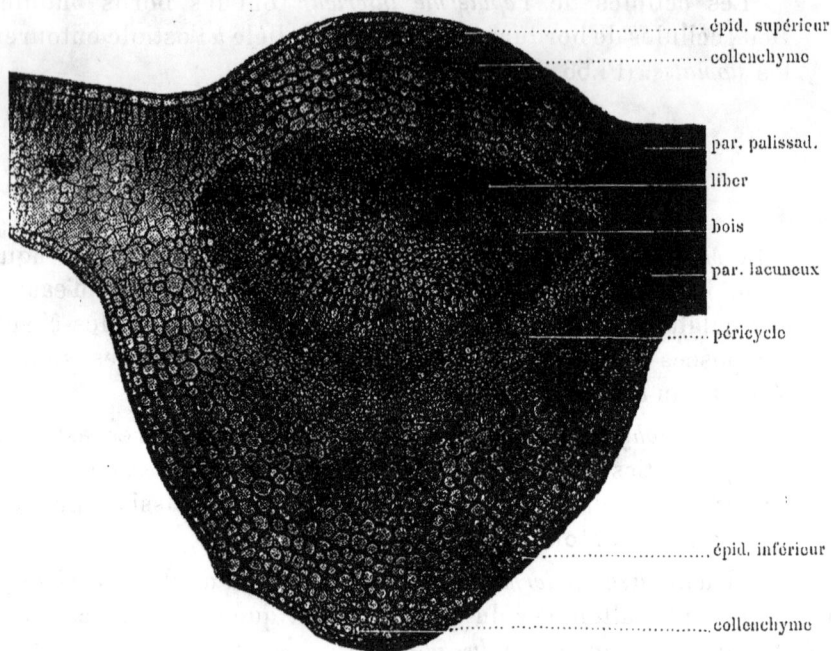

FIG. 109. — Coupe transversale.

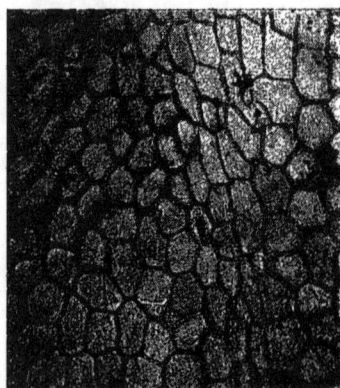

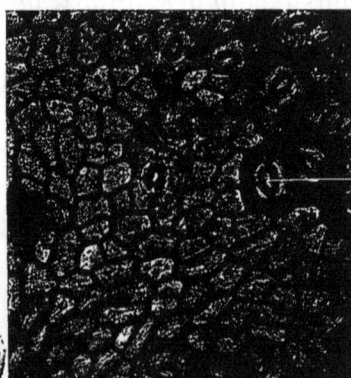

stomate

FIG. 110. — Épiderme supérieur

FIG. 111. — Épiderme inférieur

de la feuille d'**Arbousier**.

Pl. 55.

Fig. 112. — Rameau d'**Arbousier**.

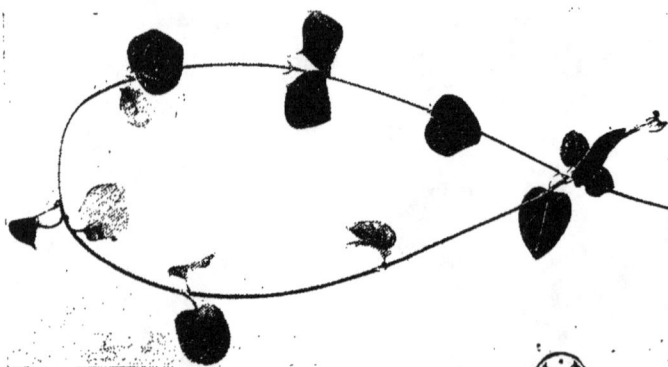

Fig. 113. — Sommité de **Pervenche**.

Pl. 56.

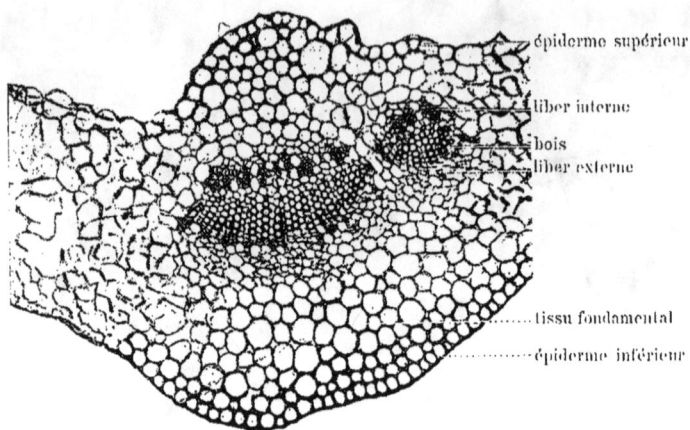

épiderme supérieur
liber interne
bois
liber externe
tissu fondamental
épiderme inférieur

FIG. 114. — Coupe transversale.

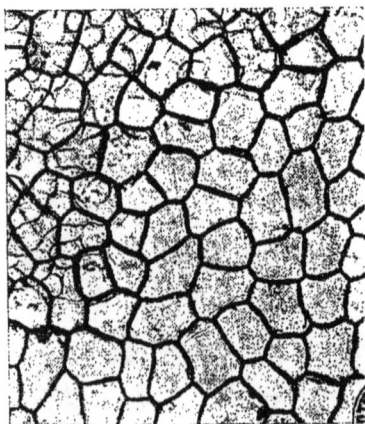
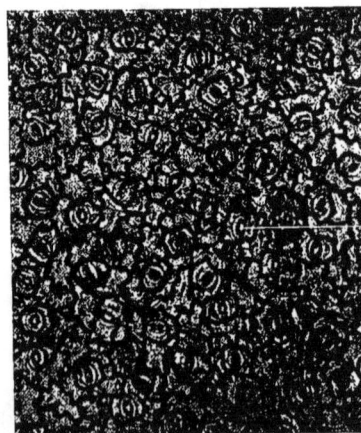

stomate

FIG. 115. — Épiderme supérieur   FIG. 116. — Épiderme inférieur
de la feuille de **Pervenche**.

Pl. 57.

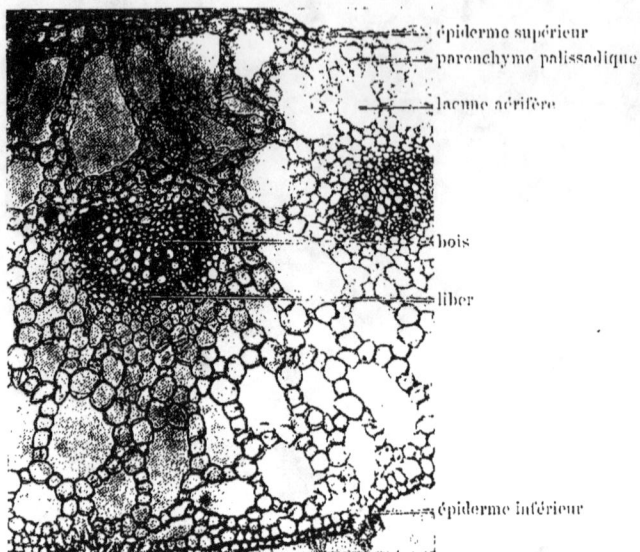

épiderme supérieur
parenchyme palissadique
lacune aérifère

bois
liber

épiderme inférieur

Fig. 117. — Coupe transversale.

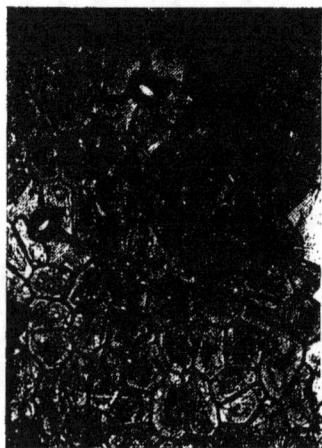

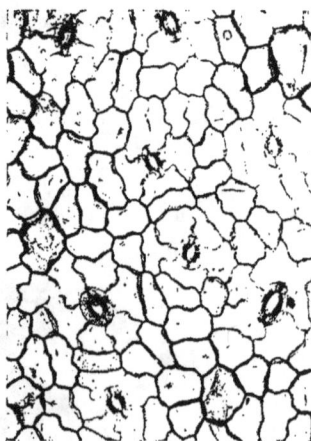

stomate

Fig. 118. — Épiderme supérieur   Fig. 119. — Épiderme inférieur
de la feuille de **Menyanthe.**

FEUILLE DE DIGITALE.

La **Digitale** pourprée. — *Digitalis purpurea* L. — (Scrofulariacées) est une herbe bisannuelle qui habite les bois des terrains siliceux.

Ses tiges simples se dressent à une hauteur d'un mètre et se terminent par une longue grappe unilatérale de fleurs tubuleuses de couleur rouge, ponctuées de taches plus foncées, aréolées de blanc.

Les feuilles caulinaires, petites et sessiles, doivent être rejetées pour l'usage médical. Les feuilles dites radicales, à limbe décurrent le long du pétiole, sont oblongues, lancéolées, vertes et pubescentes en dessus, blanches et tomenteuses en dessous. Elles peuvent atteindre jusqu'à 3o centimètres de long, sur 10 centimètres de large.

Le contour du limbe est bordé de dents inégales, arrondies, mucronées, séparées par des sinus très ouverts.

La nervure médiane qui continue le pétiole est, comme celui-ci, très bombée sur la face inférieure et creusée sur l'autre face d'un sillon médian de couleur rouge. Il en part de chaque côté quatre nervures latérales principales qui, à leur tour, se divisent et se subdivisent de façon à constituer un lacis très serré. La face supérieure du limbe, où ces nervures s'impriment en creux, paraît comme gaufrée ; sur la face inférieure elles se détachent en saillie. (Pl. **58**, fig. 121.)

Les feuilles de digitale fraîches offrent une odeur désagréable qui disparaît par la dessiccation. La saveur est âcre et d'une amertume très prononcée.

L'*épiderme inférieur* porte de nombreux *stomates* bordés, sans ordre, par 4 à 5 cellules à contours sinueux. (Pl. **59**, fig. 124.)

Les éléments de l'*épiderme supérieur* sont polygonaux, à contours presque rectilignes. (Pl. **59**, fig. 123.)

Les deux épidermes portent de nombreux *poils :* les uns,

tecteurs, à 3 ou 4 articles allongés et inégaux, se terminant en pointe ; les autres, *glandulaires*, à têtes globuleuses supportées par des pédicelles de dimensions très variables.

Une rangée de *cellules en palissade* recouvre une dizaine d'assises de *cellules rameuses*.

Le *parenchyme fondamental* de la *nervure* médiane est à grands éléments polygonaux plus denses et épaissis vers la périphérie.

Le *bois* du système *libéro-ligneux* a la forme d'un croissant à concavité supérieure. Une *assise génératrice* le sépare de l'arc *libérien* qu'entoure un *péricycle* à éléments peu épaissis. (Pl. 59, fig. 122.)

Les cristaux manquent dans le parenchyme foliaire de la Digitale.

FIG. 120. — Feuille de **Menyanthe**.

FIG. 121. — Feuille de **Digitale**.

Pl. 58.

Pl. 59.

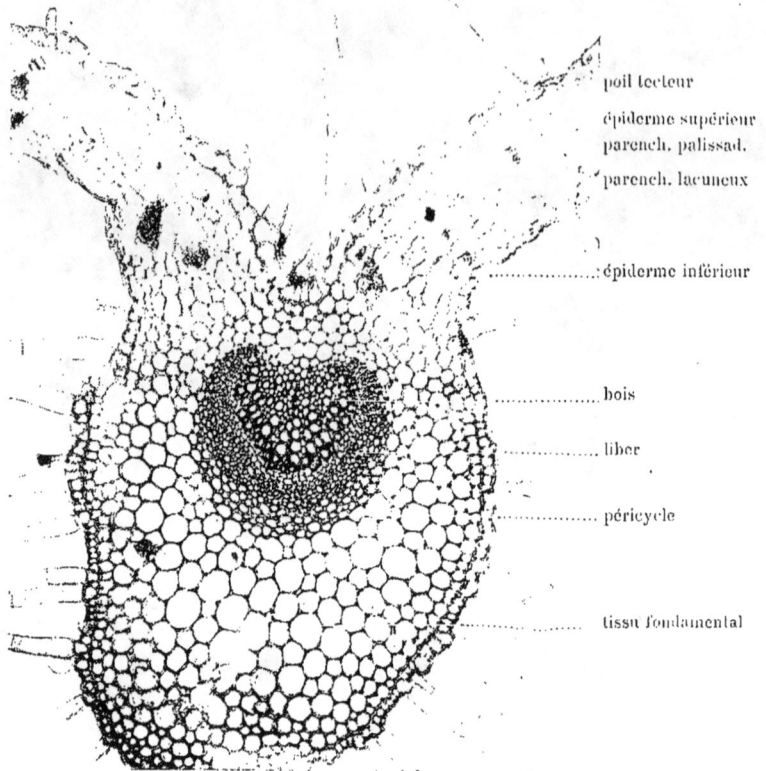

poil tecteur

épiderme supérieur
parench. palissad.

parench. lacuneux

épiderme inférieur

bois

liber

péricycle

tissu fondamental

Fig. 122. — Coupe transversale.

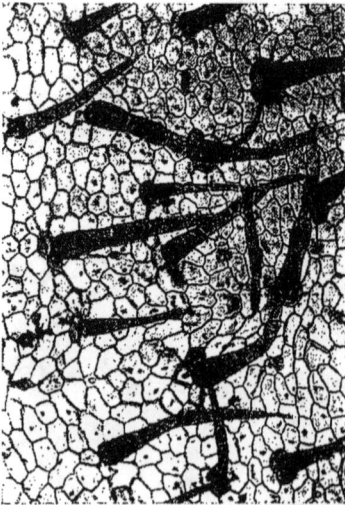

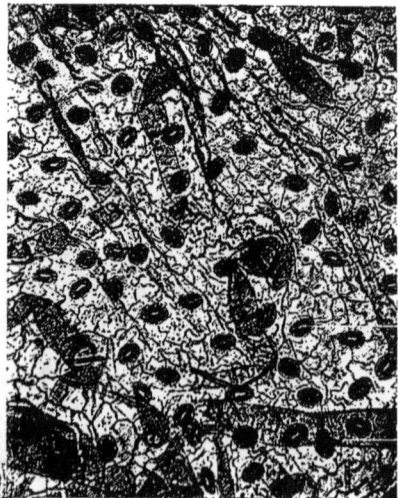

stomate

poil

Fig. 123. — Épiderme supérieur
de la feuille de **Digitale.**

Fig. 124. — Épiderme inférieur

FEUILLE DE JUSQUIAME.

La **Jusquiame noire** — *Hyoscyamus niger* L. — (Solanacées-Daturées) est une plante herbacée, commune dans les décombres et autres lieux incultes.

Les feuilles alternes sont divariquées et sessiles ; les supérieures, amplexicaules, portent à leur aisselle une fleur à laquelle succède une capsule à déhiscence pyxidaire. (Pl. **60**, fig. 125.)

De consistance molle, glaucescentes et tomenteuses, tronquées à la base, elles sont aiguës au sommet, pennatilobées à lobes alternes, ondulés et aigus. De la large nervure médiane de couleur blanche partent, en se ramifiant, des nervures latérales de même couleur et saillantes sur la face inférieure.

Le faisceau *libéro-ligneux* de la *nervure* médiane est ovale ; le *liber interne* et *externe* borde d'un côté et de l'autre le *bois* entièrement vasculaire.

Le *parenchyme fondamental*, à grandes cellules incolores, offre de nombreuses *lacunes* de dimensions variables.

Le *mésophylle* bifacial présente une rangée de *cellules en palissade* et quatre à cinq rangées de *cellules rameuses*.

Les deux *épidermes*, à éléments polygonaux, portent des *stomates* et des *poils tecteurs* et *glandulaires*. (Pl. **61**, fig. 126.)

FEUILLE DE BELLADONE.

Les feuilles de la **Belladone** (dont nous avons déjà décrit la racine page 47) sont alternes. Par suite d'un phénomène d'entraînement, elles sont rapprochées deux par deux et offrent dans une même paire des dimensions très différentes ; l'une étant généralement 3 fois plus grande que l'autre. Les supérieures portent près de leur insertion sur le rameau, mais non exactement à leur aisselle, une fleur à calice accrescent et à corolle campanulée de couleur brune.

Le fruit qu'accompagne le calice à 5 lobes étalés est une *baie* qui, à la maturité, est noire et de la grosseur d'une cerise. (Pl. **62**, fig. 128.)

Les deux *épidermes* portent de nombreux *stomates* et des *poils*.

Les *stomates* sont entourés de trois cellules de bordure inégales : l'une, la plus petite, à grand diamètre parallèle à l'ostiole, embrasse l'une des cellules stomatiques ; les deux autres, plus grandes, rayonnent en quelque sorte autour de l'autre cellule stomatique.

Les *poils* sont de deux sortes : les uns, *tecteurs*, ont de 3 à 5 articles ; les autres, *glandulaires*, sont ou très courts ou très longs et, dans ce dernier cas, à plusieurs articles superposés, terminés par une tête arrondie formée de quatre cellules en croix.

Les cellules épidermiques, à surface extérieure striée, ont des parois minces ; vues de face, leurs contours se montrent légèrement ondulés sur l'*épiderme supérieur* (Pl. **62**, fig. 129.), profondément sinueux sur l'*épiderme inférieur*. (Pl. **62**, fig. 130.)

Le *mésophylle* est constitué dans toute son épaisseur par des cellules radiales irrégulières qui laissent entre elles des lacunes.

La *nervure médiane* est saillante sur les deux faces. Son *tissu fondamental*, légèrement collenchymateux dans les couches superficielles est formé dans le reste de son épaisseur par de grands éléments irrégulièrement arrondis à parois minces.

Dans le système *libéro-ligneux*, le *bois* central est entouré, en haut, d'un *liber interne* ; en bas, d'un *liber externe* plus développé que le précédent.

Les parois des éléments du *péricycle* restent minces. (Pl. **61**, fig. 127.)

Dans tout le parenchyme et souvent visibles par transparence sous l'épiderme, de grosses cellules arrondies, autour desquelles les cellules voisines semblent rayonner, sont remplies d'une fine poussière cristalline (*sable cristallin*) qu'on retrouve dans les autres Solanées, mais qui est particulièrement abondante dans les feuilles de la Belladone.

Pl. 60.

FIG. 125. — Sommité fleurie de **Jusquiame noire**.

Pl. 61.

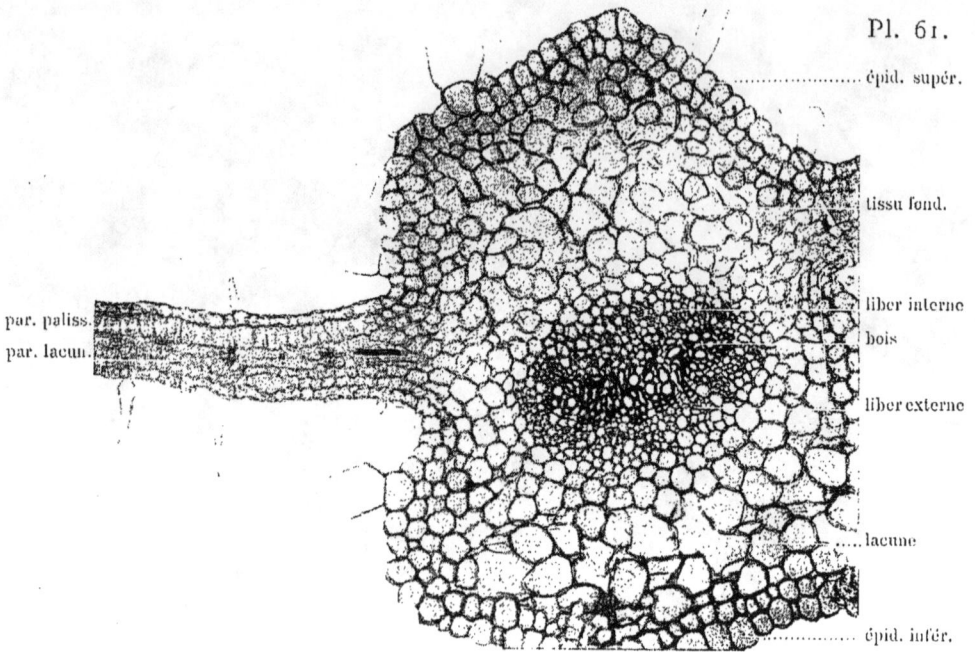

.... épid. supér.

.... tissu fond.

.... liber interne

.... bois

.... liber externe

....lacune

.... épid. infér.

par. paliss.
par. lacun.

FIG. 126. — Coupe transversale de la feuille de **Jusquiame**.

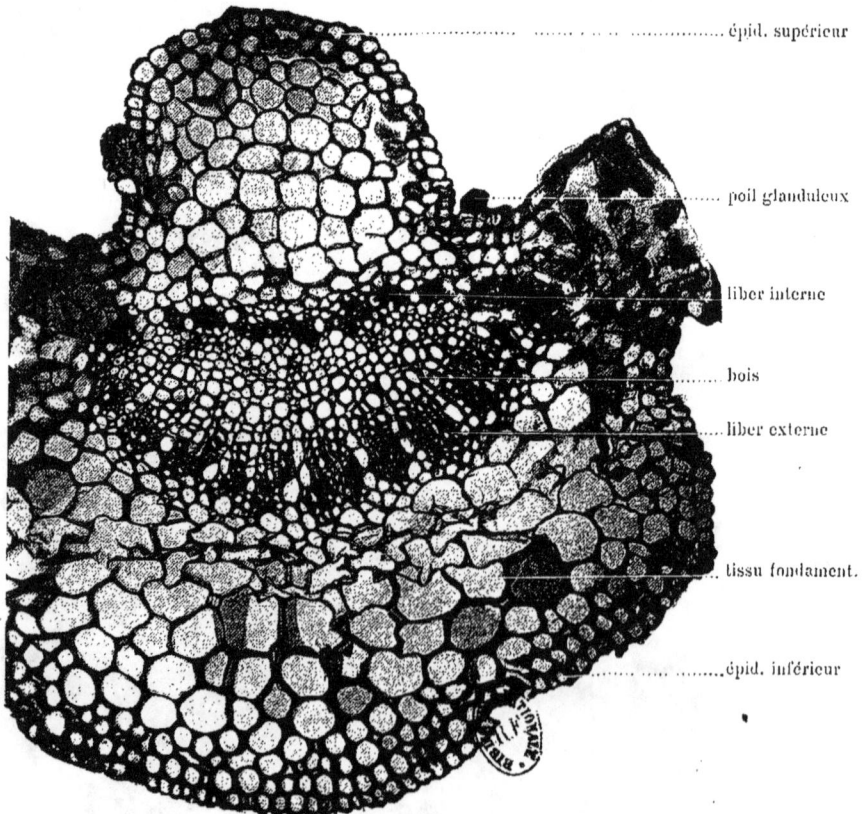

.... épid. supérieur

.... poil glanduleux

.... liber interne

.... bois

.... liber externe

.... tissu fondament.

.... épid. inférieur

FIG. 127. — Coupe transversale de la feuille de **Belladone**.

Pl. 62.

FIG. 128. — Sommité fleurie de **Belladone**.

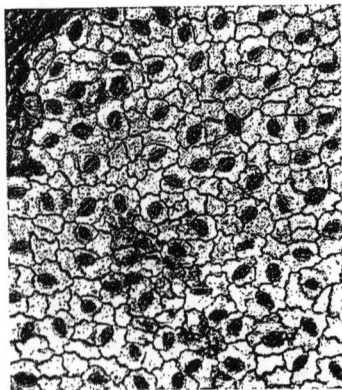

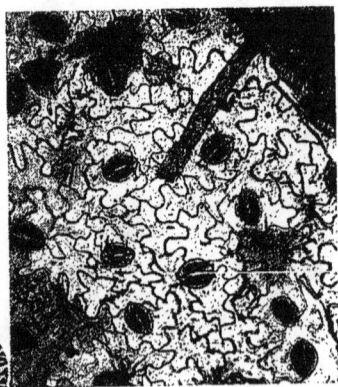

stomate

FIG. 129. — Épiderme supérieur   FIG. 130. — Épiderme inférieur
de la feuille de **Belladone**.

FEUILLE DE SAUGE.

La **Sauge officinale** — *Salvia officinalis* L. — (Labiacées-Salviées) est une plante vivace, ligneuse à la base, de la région méditerranéenne.

Les feuilles opposées, longuement pétiolées, ont un limbe elliptique, lancéolé, à bords crénelés.

Les nervures secondaires et tertiaires forment, en s'anastomosant entre elles, un réseau serré. Celui-ci, saillant sur la face inférieure recouverte d'un duvet blanchâtre, se détache en creux sur la face supérieure, d'apparence glabre, d'aspect chagriné et de couleur d'un vert intense. (Pl. **63**, fig. 131.)

Leur odeur est aromatique ; leur saveur est chaude et astringente.

Les *deux épidermes* (l'inférieur recouvert d'une épaisse cuticule) portent des *stomates* embrassés par des cellules de bordure dont la paroi est perpendiculaire au grand axe de l'ostiole et des *poils :* les uns, *tecteurs*, rigides et à deux articles longs et étroits ; les autres, *glandulaires*, dont la glande en tête est supportée par un pédicelle assez long.

Le *mésophylle* est à éléments assez denses, les supérieurs rangés en *palissade*.

La *nervure médiane* incurvée sur la face supérieure, bombée sur l'autre face, offre, au sein d'un *tissu fondamental* à une assise périphérique de *collenchyme*, un ou plusieurs faisceaux *libéro-ligneux* à *bois* supérieur et à *liber* inférieur. (Pl. **63**, fig. 132.)

FEUILLE DE ROMARIN.

Le **Romarin** — *Rosmarinus officinalis* L. — (Labiacées) croît sur les coteaux arides de la région méditerranéenne.

La tige, droite et ligneuse, atteint plus d'un mètre de haut et porte de nombreux rameaux ascendants.

Les feuilles sont opposées, sessiles, aciculaires, persistantes et coriaces ; les supérieures portent à leur aisselle des glomérules de fleurs bleues à corolle bilabiée. (Pl. **64,** fig. 133.)

Feuilles et fleurs dégagent une odeur aromatique forte et offrent une saveur amère et astringente.

Les feuilles ont environ 5 centimètres de long sur 1 à 2 millimètres de large. Plates et glabres sur la face supérieure verte, elles sont recouvertes d'un duvet blanchâtre sur l'autre face. Leurs bords réfléchis sont séparés de la nervure médiane saillante, par deux profonds sillons longitudinaux, parallèles à celle-ci.

Les deux épidermes, recouverts d'une cuticule épaisse, portent des *poils* et des *stomates* à deux cellules de bordure embrassantes.

L'*épiderme supérieur* présente de rares *poils glandulaires* très petits, à pied et à tête unicellulaires.

Sur l'*épiderme inférieur*, on rencontre des *poils glandulaires*, à grosse tête dont les cellules sécrétrices au nombre de 4 ou de 8, soulèvent la cuticule en dôme. Surtout abondants dans les sillons, ils y sont mêlés à des *poils tecteurs* rameux qui constituent un épais feutrage.

Le *mésophylle* offre un *tissu en palissade* à deux assises de cellules et un *parenchyme lacuneux* à éléments allongés et rameux.

Il est interrompu par des nervures dont les latérales reproduisent la structure de la médiane.

Le *tissu cortical* supérieur à grands éléments arrondis, qui pénètre en coin dans le mésophylle voisin, se poursuit sous forme d'une assise de cellules incolores, sorte d'*hypoderme*, d'une nervure à l'autre. Dans le tissu cortical inférieur, les couches superficielles sont *collenchymateuses*.

Le système *libéro-ligneux* offre une forme lenticulaire, à *bois* supérieur et à *liber mou* inférieur recouvert d'un arc *péricyclique fibreux*. (Pl. **65,** fig. 135.)

Pl. 63.

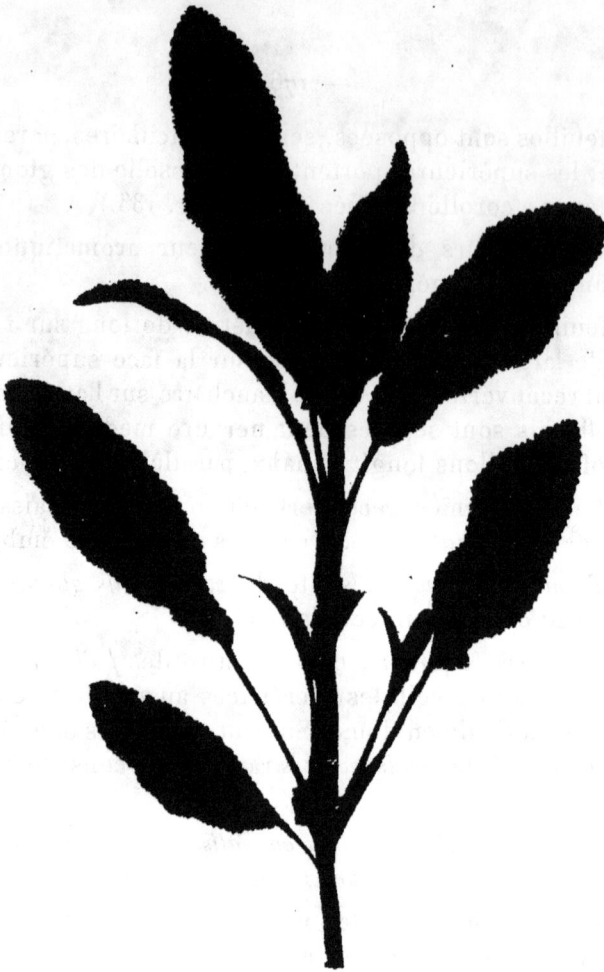

Fig. 131. — Rameau de **Sauge**.

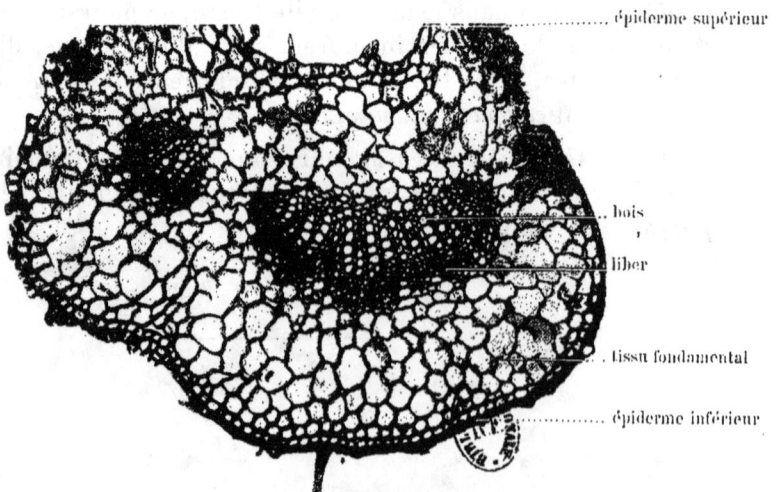

épiderme supérieur

bois

liber

tissu fondamental

épiderme inférieur

Fig. 132. — Coupe transversale de la feuille de **Sauge**.

Pl. 64.

FIG. 133. — Sommité de **Romarin**.

FIG. 134. — Sommité fleurie
de **Lavande**.

Pl. 65.

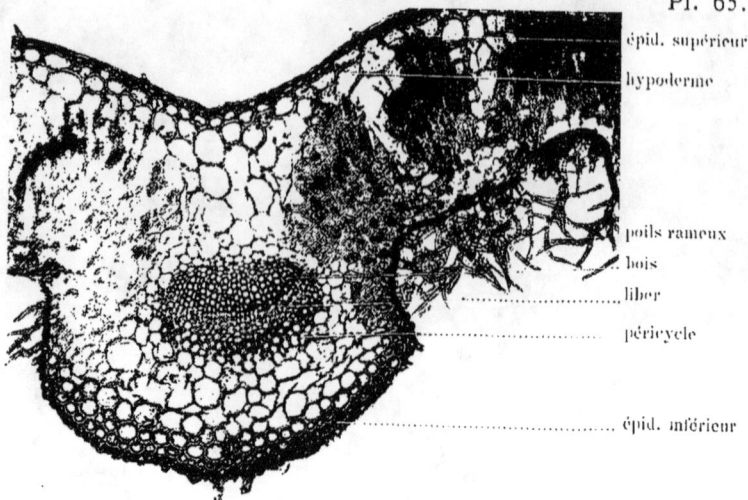

épid. supérieur
hypoderme

poils rameux
bois
liber
péricycle

épid. inférieur

Fig. 135. — Coupe transversale de la feuille de **Romarin**.

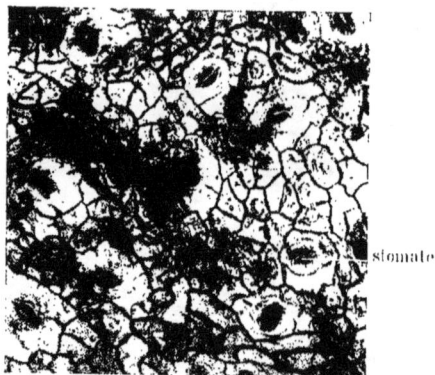

stomate

Fig. 136. — Épiderme inférieur

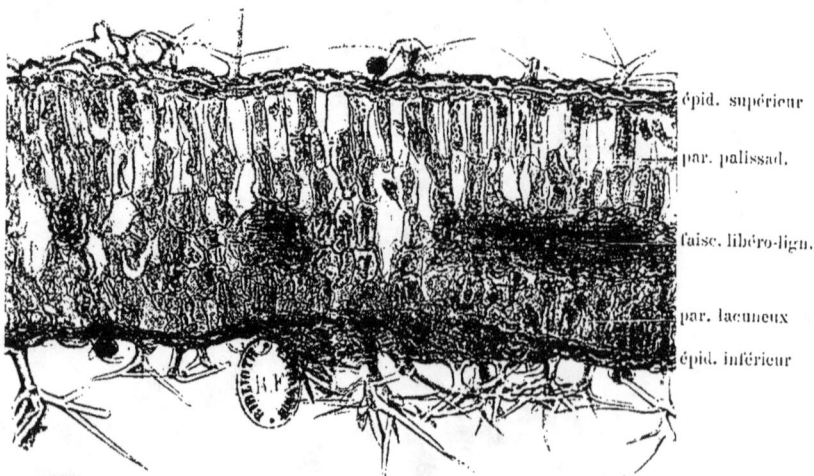

épid. supérieur
par. palissad.

faisc. libéro-lign.

par. lacuneux
épid. inférieur

Fig. 137. — Coupe transversale de la feuille de **Lavande**.

LAVANDE.

La **Lavande-Spic** — *Lavandula spica* L. — (Labiacées-Ocimées) est une plante vivace et ligneuse à la base, de la région méditerranéenne.

Ses rameaux, à feuilles opposées et entières, se terminent par un long épi de fleurs bleues très odorantes.

La Lavande offre deux variétés principales, élevées au rang d'espèces par les auteurs post-linnéens. Elles se distinguent l'une de l'autre par la forme des feuilles et des bractées.

Dans la **Lavande vraie**, — *Lavandula vera* D. C. — *L. angustifolia* Vill. — les feuilles sont étroites, atténuées aux deux extrémités, et les bractées rhomboïdales se terminent par une longue pointe triangulaire. (Pl. **64**, fig. 134.)

Les feuilles de l'**Aspic** — *Lavandula latifolia* Vill., — brusquement atténuées à la base, sont élargies au sommet de forme obtuse et ses bractées sont linéaires.

Les deux *épidermes*, fortement cuticularisés, portent des *stomates* du type labié et deux sortes de *poils :* les uns, *glandulaires*, à tête globuleuse brièvement pédicellée ; les autres, *tecteurs*, très rameux et surtout abondants sur la face inférieure. (Pl. **65**, fig. 136.)

Le *mésophylle* homogène est constitué par des cellules allongées laissant entre elles de nombreuses lacunes. Il est parcouru par de nombreux *faisceaux libéro-ligneux* autour desquels le parenchyme chlorophyllien est plus dense. (Pl. **65**, fig. 137.)

HYSOPE.

L'Hysope — *Hyssopus officinalis* L. — (Labiacées-Thymées), originaire de la région méditerranéenne, est cultivée dans le reste de l'Europe.

Vivace, sa tige ligneuse émet de nombreux rameaux droits ; les feuilles subsessiles, lancéolées, sont opposées. Chacune d'elles porte, à son aisselle, un rameau très court dont les feuilles plus petites que les feuilles-mères se placent en croix avec ces dernières. (Pl. 66, fig. 138.)

Les fleurs, de couleur bleue, sont axillaires.

Les deux *épidermes* portent des *stomates* et des *poils* de deux sortes : les uns, *tecteurs*, courts et épais ; les autres, *glandulaires*, ne laissent émerger que leur tête, le pédicelle très court s'enfonçant entre les cellules épidermiques voisines.

Le *parenchyme en palissade* est à trois assises de cellules ; le *parenchyme lacuneux* est formé de plusieurs rangées de cellules arrondies.

Le *tissu fondamental* de la *nervure* médiane offre une rangée de cellules collenchymateuses sur la face inférieure.

Le *bois* du système *libéro-ligneux* présente une disposition radiée.

Le *liber* est recouvert inférieurement d'un arc de *péricycle fibreux*. Au-dessus du système libéro-ligneux, un îlot de *collenchyme* s'enfonce comme un coin entre le tissu fondamental parenchymateux. (Pl. 66, fig. 139.)

Pl. 66.

Fig. 138. — **Hysope**.

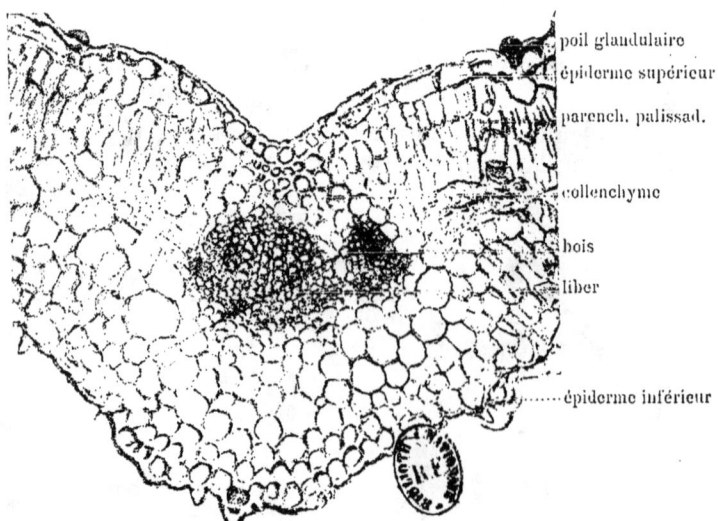

poil glandulaire
épiderme supérieur
parench. palissad.
collenchyme
bois
liber
épiderme inférieur

Fig. 139. — Coupe transversale de la feuille d'**Hysope**.

FEUILLE DE MÉLISSE.

La **Mélisse** — *Melissa officinalis* L. — (Labiacées-Mélissées), originaire de la région méditerranéenne, est cultivée dans les jardins de toute la France.

Les rameaux nombreux de cette herbe vivace s'élèvent jusqu'à 80 centimètres et portent des fleurs axillaires blanches.

Les feuilles sont opposées, grandes, longuement pétiolées, ovales, cordiformes, échancrées à la base et dentées sur les bords; les dents arrondies, obtuses, sont séparées par des sinus aigus.

Penninerves, à nervures saillantes, en réseau régulier sur la face inférieure d'un vert clair, elles sont d'un beau vert foncé sur l'autre face. (Pl. **67**, fig. 140.)

Leur odeur très agréable, citronnée, a fait donner à la plante le nom vulgaire de « citronnelle ».

Les deux *épidermes* portent des *poils* et des *stomates*.

Les *poils tecteurs* sont courts, coniques, à base arrondie. Les *poils glandulaires*, plus rares, appartiennent au type, déjà plusieurs fois décrit, de la feuille des Labiées.

Les *stomates* allongés, elliptiques, sont entourés chacun de deux cellules de bordure qui l'enveloppent, de sorte que leur paroi commune est perpendiculaire au grand axe de l'ostiole.

Les cellules épidermiques, vues de face, sont à contours sinueux. (Pl. **68**, fig. 142.)

Une seule assise de cellules prismatiques constitue le *parenchyme en palissade*. Le *parenchyme lacuneux* est formé d'éléments polygonaux.

Le centre de la *nervure* médiane est occupé par un faisceau *libéro-ligneux* dont les vaisseaux du *bois*, disposés en files régulières rayonnantes autour du sommet, sont séparés par des *rayons médullaires*. Ceux-ci se prolongent à travers le *liber mou*, coiffé d'un arc de *péricycle* à éléments peu épaissis.

Le *parenchyme fondamental*, à grands éléments, est *collenchymateux* dans ses couches les plus superficielles. (Pl. **67**, fig. 141.)

FEUILLE D'ARMOISE.

L'Armoise — *Artemisia vulgaris* L. — (Synanthérées-Hélianthées) est commune dans les lieux incultes de toute la France.

Cette plante vivace, rameuse, atteint jusqu'à un mètre de haut; ses rameaux se terminent par une longue grappe pyramidale de petits capitules d'un jaune pâle.

Les feuilles grandes, pennatipartites, sont d'un beau vert sombre sur la face supérieure, blanches et tomenteuses en-dessous. Leurs segments lancéolés sont irrégulièrement incisés-dentés.

Les deux *épidermes* portent des *stomates* et des *poils* beaucoup plus abondants sur la face inférieure.

Ces poils sont: les uns *glandulaires*, les autres *tecteurs*. Ceux-ci, dits en *navette*, sont formés par une longue cellule horizontale tout à fait comparable à une aiguille de boussole, supportée par un pédicelle composé de trois à quatre articles courts, superposés.

Le *mésophylle* offre deux rangées de *cellules en palissade* et un *parenchyme lacuneux* plus épais.

Le *tissu fondamental* de la *nervure* médiane biconvexe est à grands éléments polygonaux dont les plus superficiels sont collenchymateux.

Il enveloppe deux ou plusieurs faisceaux *libéro-ligneux*. Les vaisseaux du *bois* vont en augmentant de diamètre du sommet vers le centre, une *assise génératrice* les sépare d'un arc de *liber mou*.

Le *péricycle*, qui entoure tout le faisceau, est à éléments peu lignifiés. (Pl. **68**, fig. 143.)

Pl. 67.

Fig. 140. — **Mélisse**.

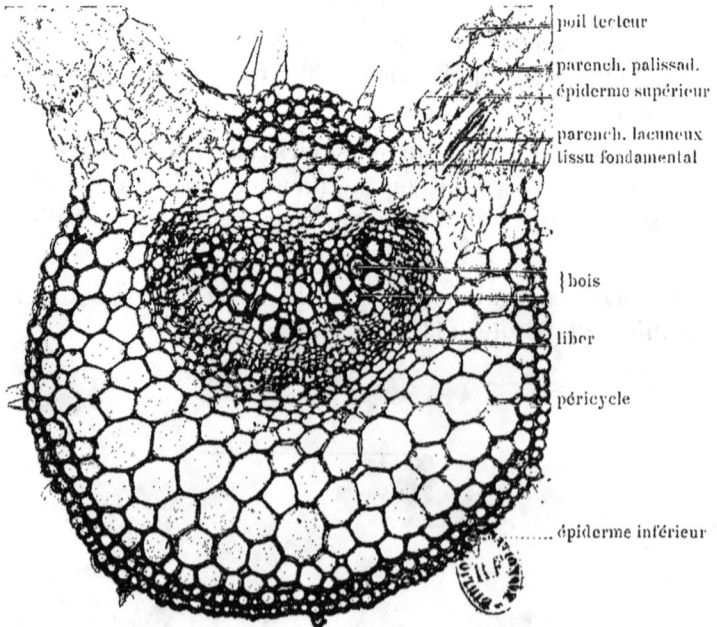

poil tecteur

parench. palissad.
épiderme supérieur

parench. lacuneux
tissu fondamental

}bois

liber

péricycle

épiderme inférieur

Fig. 141. — Coupe transversale de la feuille de **Mélisse**.

Pl. 68.

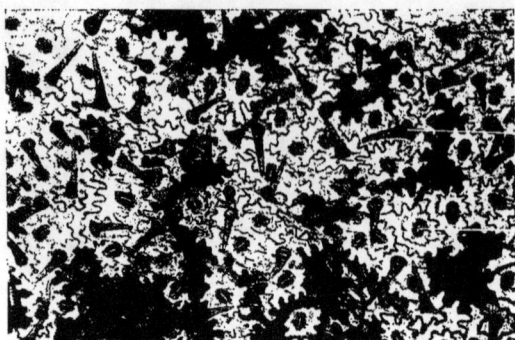

poil tecteur

stomate

FIG. 142. — Épiderme inférieur de la feuille de **Mélisse**.

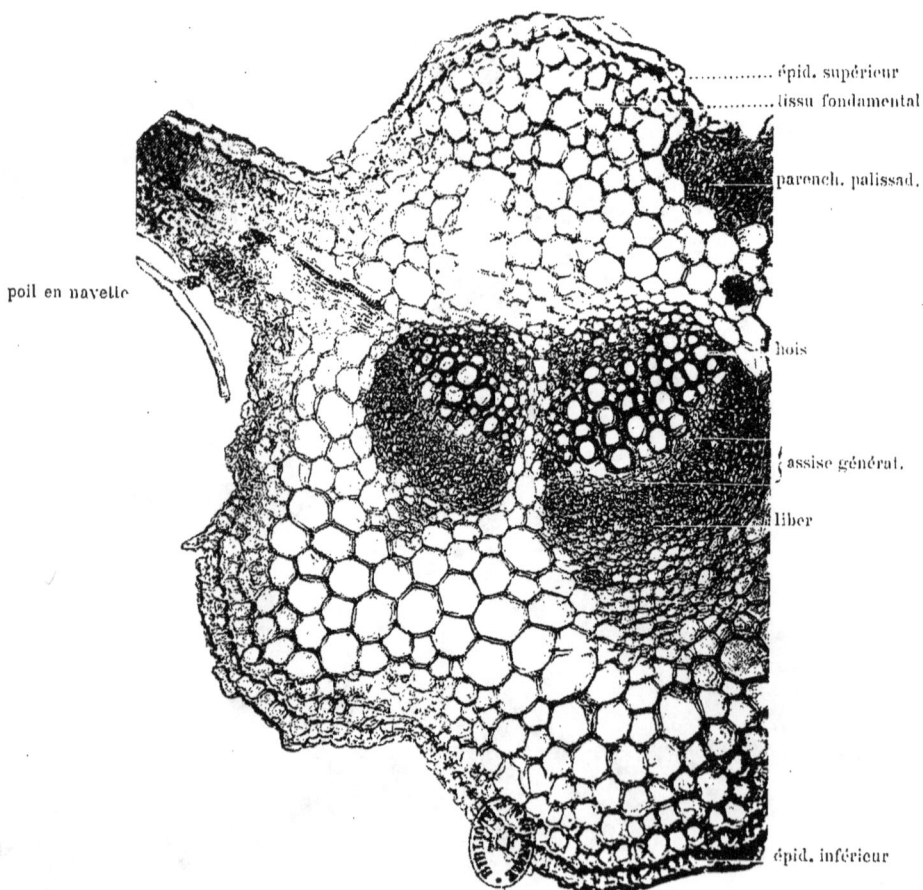

épid. supérieur

tissu fondamental

parench. palissad.

poil en navette

bois

assise générat.

liber

épid. inférieur

FIG. 143. — Coupe transversale de la feuille d'**Armoise**.

CINQUIÈME SÉRIE

Fruits et Graines

BLÉ.

Inconnu à l'état sauvage, le **blé** — *Triticum vulgare* Vill. — (Graminacées-Hordées) est, selon toute vraisemblance, originaire des plaines de la Mésopotamie.

Sa culture, pratiquée depuis la plus haute antiquité, a donné naissance à de nombreuses variétés dont quelques-unes ont été considérées comme de véritables espèces distinctes.

Le fruit ou « **grain** », de belle couleur jaune, est oblong, creusé sur sa face interne d'un étroit sillon longitudinal velu au sommet.

Il est constitué par une *amande* et des *enveloppes*. Ces dernières, entièrement soudées les unes aux autres, appartiennent au *péricarpe* et au *tégument séminal*.

Le *péricarpe* est formé de trois couches : 1° l'extérieure, à une assise d'éléments épidermiques revêtus d'une cuticule épaisse, représente l'*épicarpe;*

2° La couche moyenne ou *mésocarpe* est formée de plusieurs assises de cellules *collenchymateuses;*

3° La couche profonde (*endocarpe*) comprend deux assises : l'externe, à éléments allongés, à parois épaisses et ponctuées (*cellules transverses*); l'interne, dont les éléments vus par la tranche se présentent sous forme d'un cercle à double contour (*cellules tubulaires*).

Dans le *tégument* on distingue : une *couche pigmentaire* qui apparaît sous forme d'une ligne de couleur foncée et une *couche dite hyaline* dont les éléments délicats sont aplatis tangentiellement. (Pl. **69**, fig. 144.)

Les cellules externes de l'*albumen* sont riches en matières azotées (*couche à gluten*); les autres sont gorgées d'*amidon* dont les grains discoïdes ont été décrits p. 1 et figurés Pl. **1**, fig. 1.

GRAINE DE LIN.

Différentes formes confondues sous le nom de *Linum usitatis-simum* L. (Linacées-Linées) sont cultivées depuis la plus haute antiquité. Le type le plus usuel, originaire de l'Asie antérieure, est annuel.

Ses feuilles sont alternes, sessiles, entières, glabres, étroites, lancéolées, atténuées aux deux extrémités.

Ses fleurs terminales sont d'un beau bleu. Ses capsules globuleuses renferment 10 graines dans autant de logettes.

Les graines, lisses et luisantes, de couleur brune, sont aplaties, de contour ovale, à sommet pointu et à base arrondie.

Elles mesurent environ 5 millimètres de long sur 2 de large.

On distingue assez facilement cinq couches principales dans le tégument :

L'externe (*épiderme*) est formée de cellules prismatiques revêtues d'une cuticule transparente, elles se gonflent par l'eau et se résolvent en *mucilage*.

La couche sous-jacente (*hypoderme*), de couleur brune, est constituée par deux assises de cellules aplaties tangentiellement.

La couche *moyenne* est à éléments quadratiques à parois jaunes, régulièrement épaissies, et à lumen linéaire radial.

Il est difficile de distinguer la forme des éléments allongés, aplatis tangentiellement, de la *couche hyaline* sous-jacente.

Enfin la portion la plus interne (couche *pigmentaire*) est formée d'éléments quadrangulaires, à parois assez épaisses et à contenu granuleux fortement coloré en brun noirâtre.

Les cellules de l'*amande*, régulièrement polygonales, renferment de nombreuses gouttelettes d'huile grasse. (Pl. **69**, fig. 145.)

Pl. 69.

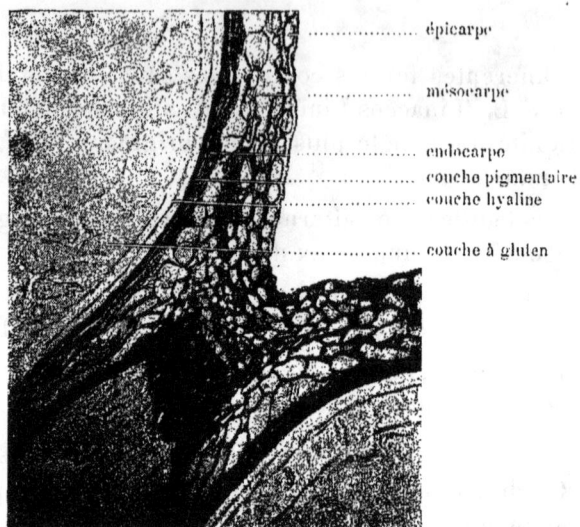

épicarpe

mésocarpe

endocarpe
couche pigmentaire
couche hyaline

couche à gluten

FIG. 144. — Coupe transversale du grain de **Blé**.

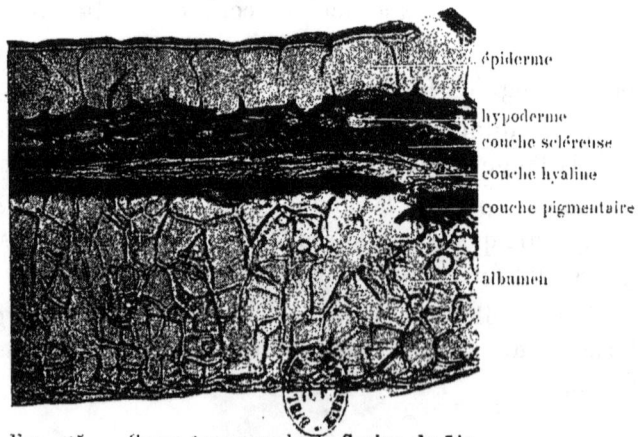

épiderme

hypoderme
couche scléreuse
couche hyaline
couche pigmentaire

albumen

FIG. 145. — Coupe transversale de **Graine de Lin**.

POIVRE NOIR.

Le **Poivre noir**, aujourd'hui bien peu employé en thérapeutique, mais l'épice la plus usuelle, est le fruit du *Piper nigrum* L. (Pipéracées).

Le poivrier, arbuste sarmenteux, inconnu à l'état sauvage, paraît originaire de la côte de Malabar d'où proviennent encore les sortes de poivre les plus estimées (Tellicherry, Alleppy). Il est cultivé dans toute l'Asie tropicale et surtout dans l'Archipel asiatique dont les produits affluent sur le marché de Singapoure.

Le fruit, cueilli avant la maturité et séché au soleil, est une baie dont le péricarpe est intimement soudé au tégument de l'unique graine qu'elle renferme.

Il est constitué par des grains arrondis, sessiles, de couleur noire, couronnés par les restes des stigmates, à surface ridée, d'environ 5 à 6 millimètres de diamètre et pesant 4 à 5 milligrammes.

Sur une section longitudinale, les enveloppes (péricarpe et tégument) de couleur noirâtre occupent environ le quart du rayon.

De couleur grise et creusée en son centre d'une cavité, l'amande possède un double albumen : l'un charnu (*endosperme*), localisé au sommet de la graine, entoure les restes de l'embryon incomplètement développé; l'autre farineux (*périsperme*) occupe tout le reste de l'amande.

L'*épiderme* (*épicarpe*) est à cellules aplaties, revêtues d'une mince cuticule.

Les éléments extérieurs du *mésocarpe* sont scléreux. De dimensions très inégales, la plupart sont allongés dans le sens radial et ne forment qu'une assise; les autres, disposés dans le sens tangentiel, sont superposés au nombre de deux ou de trois. Leur ensemble forme un anneau scléreux discontinu (*hypoderme*).

Le reste du *mésocarpe* est formé par un *parenchyme amylacé* à cellules polygonales à parois minces. Vers le milieu de son épaisseur courent d'étroits faisceaux *fibro-vasculaires* où l'on distingue quelques *fibres péricycliques*, un *liber mou* et de rares *trachées*.

L'*endocarpe* est réduit à une assise de cellules dont la paroi externe reste mince, mais dont les parois latéro-internes, fortement épaissies et canaliculées, affectent la forme d'un fer à cheval embrassant un lumen en forme d'U.

Dans le *tégument séminal*, on distingue difficilement deux assises de cellules quadrangulaires à contenu granuleux et coloré (*couche pigmentaire*) et une assise de cellules incolores à parois minces, aplaties tangentiellement (*couche hyaline*).

Les cellules externes du *périsperme* sont petites à contenu finement granuleux (*couche aleurifère*). Les éléments qui constituent la masse même du périsperme sont de deux sortes : les uns, plus nombreux, sont gorgés d'amidon ; les autres ont un contenu hyalin et quelquefois cristallin qui se colore en jaune par l'hydrate de chloral (*cellules à pipérine*).

On remarque, rarement dans la couche externe, abondamment dans la couche interne du mésocarpe et dans tout le périsperme, de grands *idioblastes* à parois épaisses renfermant des gouttelettes d'huile volatile. (Pl. **70**, fig. 147.)

Ces différents éléments se trouvent dans la poudre de poivre, un des produits les plus sujets à falsifications, et permettent d'en établir l'identité et la pureté.

Le terme de **poivre**, désigne vulgairement non seulement les substances fournies par les plantes des diverses sections du genre *Piper*, telles que le poivre long — *Piper longum* L. et *Piper officinarum* D. C., — mais encore des fruits ou des graines dont l'odeur et la saveur dites « poivrées » offrent une certaine analogie avec celles du poivre vrai : par exemple, le Poivre de Cayenne — *Capsicum annuum* L. et *C. frutescens* L. — (Solanacées); le Poivre de la Jamaïque — *Eugenia Pimenta* D.C. — (Myrtacées); le Poivre de Guinée ou Maniguette — *Amomum Meleguetta* Roscoe — (Zingibéracées).

Le *Poivre blanc* n'est autre que le fruit mûr du poivrier qui, trempé dans l'eau, perd la couche externe de son péricarpe à la hauteur de la zone à faisceaux fibro-vasculaires.

CUBÈBE.

Sous le nom de **Cubèbe**, le commerce livre les fruits des diverses variétés du *Piper Cubeba* L. f. (Pipéracées) et ceux d'un certain nombre d'espèces voisines appartenant à la section *Cubeba* caractérisée par un fruit pédicellé, d'où le nom vulgaire de « **Poivres à queue** ». On y trouve même souvent des fruits de plantes n'appartenant pas à la famille des Pipéracées.

Le *Piper Cubeba* est une liane originaire de l'Archipel asiatique qui se rencontre à l'état sauvage à Java, Bornéo et Sumatra et qu'on y cultive pour ses fruits.

Ceux-ci globuleux, de la grosseur d'un pois, se prolongent à la base en un pédicelle dont la longueur (5 millimètres) est à peu près égale à celle du diamètre du fruit.

De couleur noire, leur surface est marquée de rides saillantes qui, en s'anastomosant, constituent un réseau régulier de mailles pentagonales.

Les fruits, recueillis avant leur maturité, renferment une seule graine souvent incomplètement développée et qui n'occupe que la portion inférieure de la cavité du péricarpe.

Leur odeur est forte, d'un arome spécial; ils craquent sous la dent et leur saveur, d'abord faible, est chaude, aromatique et persistante.

Une coupe pratiquée transversalement vers le milieu du fruit montre :

Un *épiderme* constitué par de petites cellules fortement cuticularisées et contenant des cristaux rhomboédriques.

Il est doublé par un *hypoderme* scléreux discontinu formé généralement d'une assise (rarement davantage) d'éléments fortement épaissis, à cavité linéaire ramifiée. Entre ces sclérites s'intercalent de place en place une ou plusieurs cellules quadrangulaires à parois minces.

Dans le parenchyme sous-jacent qui constitue la masse du *mésocarpe*, on distingue trois zones :

L'externe, qui constitue environ les 5/6 de l'épaisseur, est formée d'un parenchyme à cellules de forme polygonale, à parois minces et à contenu amylacé. De nombreux *idioblastes sécréteurs*, de forme ronde ou ovale, se rencontrent dans cette zone.

La zone moyenne à cellules minces, aplaties tangentiellement et de dimensions considérables, est parcourue par des faisceaux *libéro-ligneux* à petit nombre d'éléments.

La zone interne est formée de cellules plus épaisses et réticulées.

Les *cellules sécrétrices* manquent dans ces deux dernières zones.

L'endocarpe est formé de grands sclérites prismatiques, à grand axe radial, serrés les uns contre les autres en palissade ; leurs parois très épaisses sont canaliculées. Elles sont surmontées de place en place par des éléments polyédriques de moindres dimensions. (Pl. 70, fig. 146.)

L'odeur, la saveur, les dimensions, la longueur relative du pédicelle, la consistance, la structure du péricarpe et, en particulier, de l'endocarpe permettent, non sans peine, de distinguer les unes des autres les différentes variétés de Cubèbe et les espèces voisines encore mal définies.

Pl. 70.

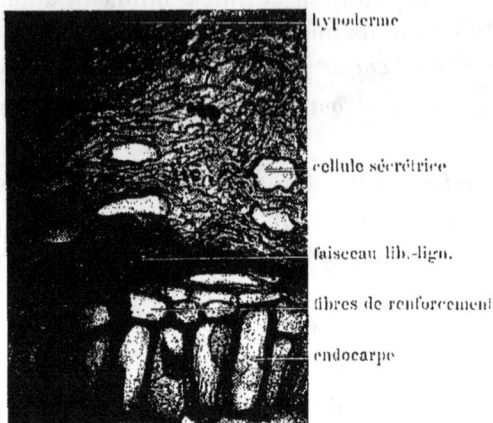

hypoderme

cellule sécrétrice

faisceau lib.-lign.

fibres de renforcement

endocarpe

FIG. 146. — Coupe transversale de **Poivre Cubèbe.**

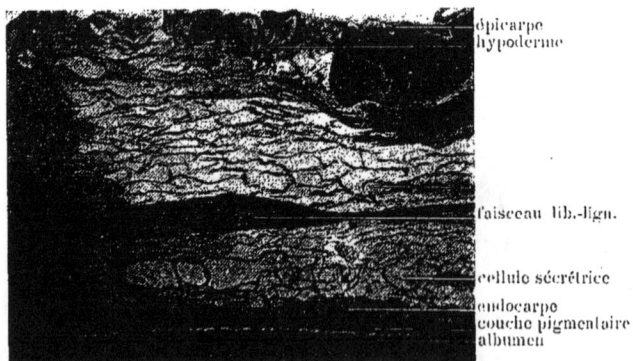

épicarpe
hypoderme

faisceau lib.-lign.

cellule sécrétrice
endocarpe
couche pigmentaire
albumen

FIG. 147. — Coupe transversale de **Poivre noir.**

BADIANE.

La **Badiane** est le fruit de l'*Illicium verum* Hook. f. (Magno-
liacées-Illiciées), arbre cultivé dans la Chine méridionale et au
Tonkin.

Le fruit est composé généralement de huit carpelles horizon-
taux et rayonnant autour d'un axe qui se prolonge inférieurement
en un pédoncule recourbé d'environ 3 centimètres de long.
(Pl. **71**, fig. 148.)

Chacun de ces carpelles, inégalement développés dans un
même fruit, est un follicule comprimé latéralement, à déhiscence
supérieure et logeant une seule graine. Leur forme est celle d'une
nacelle se terminant à son extrémité libre par une pointe droite.
La surface externe est rugueuse, de couleur brune; l'interne est
lisse et rouge orangé.

Les carpelles bien développés ont 10 à 15 millimètres de long
sur 8 à 10 de haut. (Pl. **71**, fig. 149.)

Leur odeur et leur saveur rappellent à la fois celles du fenouil
et de l'anis. Ce caractère et la disposition rayonnante des carpelles
ont fait donner au fruit le nom vulgaire d'**anis étoilé**.

L'*épicarpe* est constitué par des cellules épidermiques fortement épaissies et cuticularisées.

Le *mésocarpe* est parcouru par une douzaine de faisceaux
fibro-vasculaires à *bois* supérieur et *liber* inférieur, noyés au sein
d'un *parenchyme* à éléments polygonaux, ondulés, dont quelques-
uns plus grands sont des *cellules sécrétrices*.

Les cellules de l'*endocarpe* changent de caractère selon qu'elles
tapissent la cavité du carpelle ou qu'elles revêtent la suture de
celui-ci. Dans le premier cas, elles sont prismatiques, allongées
dans le sens radial, à parois minces et ressemblent aux cellules
en palissade, nom sous lequel elles sont désignées par certains
auteurs. Sur la suture, ces cellules sont plus courtes, épaisses
et scléreuses, ces deux types d'éléments passent de l'un
à l'autre par une série de formes intermédiaires. Ils sont

renforcés sur la surface de suture par d'autres *sclérites* polygonaux et inégalement épaissis. (Pl. **71**, fig. 150.)

Depuis quelques années, on substitue ou l'on mélange à la véritable Badiane de Chine le fruit toxique appelé **Skimmi**, d'une espèce très voisine originaire du Japon où elle est cultivée autour des pagodes, d'où son nom d'*Illicium religiosum* Sieb. Cette espèce a été longtemps confondue avec la plante-mère de la Badiane et décrite et figurée comme telle sous le nom impropre d'*Illicium anisatum* Lour.

Les fruits du Skimmi offrent la même disposition radiée que ceux de la Badiane, mais ils sont le plus souvent très inégalement développés. Ils s'en distinguent anatomiquement en ce que les cellules en palissade de l'endocarpe de la cavité passent brusquement aux cellules scléreuses de la surface de suture.

Pl. 71.

FIG. 148.
Fruit entier

FIG. 149.
Carpelle

de **Badiane de Chine**.

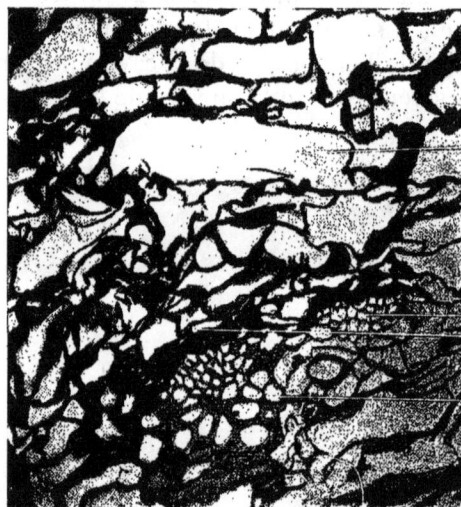

cellule sécrétrice

liber
parenchyme

bois

fibres de renforcement

endocarpe

FIG. 150. — Coupe transversale du péricarpe de **Badiane de Chine**.

NOIX DE KOLA.

La **Noix de Kola** est la graine du *Sterculia acuminata* P. Beauv. — *Cola acuminata* R. Br., — arbre de la famille des Sterculiacées, des régions équatoriales de l'Afrique occidentale.

Employée comme masticatoire dans toute l'Afrique tropicale, elle a été introduite récemment dans la thérapeutique européenne et figure au Supplément du Codex.

De couleur rouge, de saveur âpre, d'une odeur *sui generis* quand elle est fraîche, elle se présente sous forme d'une amande ovoïde, aplatie sur les deux faces, à bord plan d'un côté, bombé de l'autre. Elle a 3 à 4 centimètres de long, 2 à 2,5 de large et environ 1 centimètre d'épaisseur.

Constituée essentiellement par les deux cotylédons, elle est marquée dans toute la périphérie par leur ligne de séparation plus ou moins ondulée.

Une section passant par cette ligne présente, à la surface, un *épiderme* à cuticule peu épaisse et hérissé de *poils rameux* en forme d'alène.

La masse du parenchyme à éléments polygonaux offre dans sa partie centrale de grandes *lacunes mucilagineuses* et des faisceaux réduits à quelques *éléments vasculaires* à section polygonale entourés d'un *liber* très mince.

De nombreux *cristaux* maclés sont répandus dans tout le parenchyme. (Pl. 72, fig. 151.)

CACAO.

La plante qui produit le **Cacao** — *Theobroma Cacao* L. — (Sterculiacées-Buttnériées) est originaire de l'Amérique tropicale, comme tous ses congénères.

C'est un petit arbre, ramifié, de 5 à 10 mètres de haut, aux feuilles alternes, simples et entières.

Le fruit, appelé *cabosse*, est une baie ovale, oblongue, à dix côtes tuberculeuses, renfermant, noyées dans une pulpe sucrée, de vingt à quarante graines exalbuminées, disposées sur cinq rangées verticales.

La culture du cacaoyer, pratiquée au Mexique avant l'arrivée des Européens, exige un climat constamment chaud et humide. Cultivé surtout dans la République de l'Équateur (*Cacao de Guayaquil*), au Vénézuéla (*C. Maracaïbo, C. Caraque*), dans l'île de la Trinité et les autres Antilles (*C. des Iles*), au Brésil (*C. de Para* et *de Maragnan*), le cacaoyer a été introduit à la Réunion et plus récemment à Ceylan, à Java et dans d'autres îles de l'Archipel asiatique.

Les graines, soumises à la fermentation, sont ensuite immédiatement séchées au soleil ou saupoudrées de terre argileuse « cacaos terrés ». Selon le terroir et la préparation subie par les graines, on compte un grand nombre de sortes dont nous avons énuméré plus haut les principales. Ces sortes se distinguent par le parfum, la grosseur et la couleur des diverses parties de la graine.

Celle-ci a une forme irrégulièrement ovoïde assez semblable à celle de la fève vulgaire, d'où le nom de « fève de cacao ». Elle est recouverte d'une coque cassante, d'un rouge vineux, doublé d'une pellicule transparente qui pénètre entre les lobes de l'amande dont la couleur varie du rouge sombre au violet ardoisé.

La *coque* (qu'on détache par la torréfaction) est souvent recouverte d'un *épiderme* portant des *poils glandulaires* à pied et à tête unicellulaires.

Constituée par un *parenchyme*, aux éléments aplatis et à parois épaisses et colorées, au sein duquel se remarquent de grandes *lacunes à mucilage* résultant de la fusion de plusieurs cellules, elle se divise en deux couches, séparées l'une de l'autre, par une assise de *cellules scléreuses* dont les parois latéro-internes sont épaissies.

Elle est parcourue dans la couche interne par des faisceaux *libéro-ligneux* de forme ovale. (Pl. 73, fig. 152.)

Les *cotylédons*, partie essentielle de la graine, ont un *épiderme* à éléments minces et qui porte des *poils* pluricellulaires et plurisériés appelés *corpuscule de Mitscherlich*, du nom du savant qui les a signalés, le premier.

Les cellules du *parenchyme* cotylédonnaire renferment des cristaux de théobromine et de matières grasses (beurre de cacao) et de l'amidon en petits grains agrégés. (Pl. 73, fig. 153.)

Pl. 72.

poil rameux
épiderme

cristal en rosette
faisceau lib.-lign.

glandes à mucilage

cristal en rosette

faisceau lib.-lign.

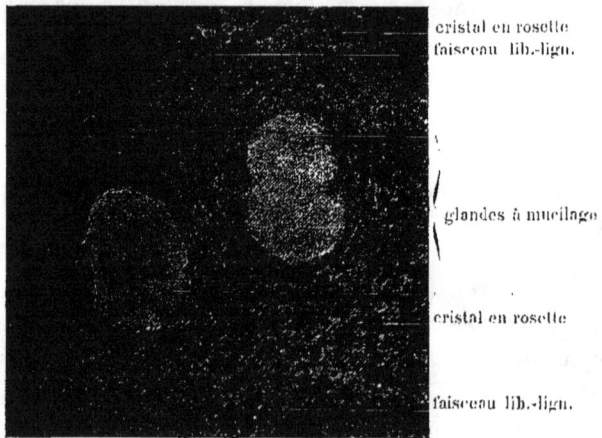

Fig. 151. — Coupe transversale de la graine de **Kola**.

Pl. 73.

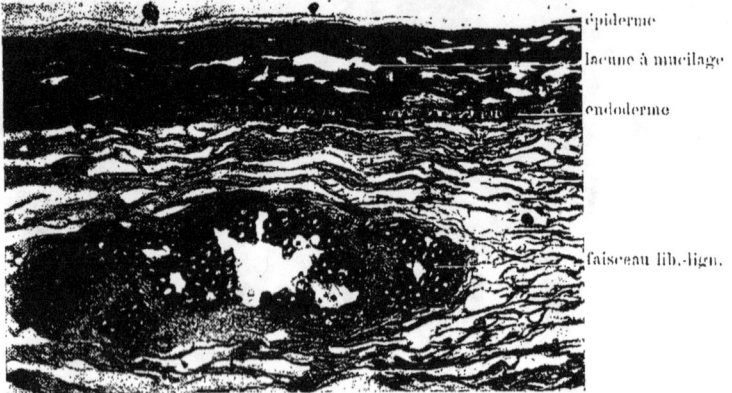

épiderme
lacune à mucilage
endoderme

faisceau lib.-lign.

FIG. 152. — Coupe transversale de la coque de **Cacao**.

corpuscule de Mitscherlich

FIG. 153. — Coupe transversale de l'amande de **Cacao**.

ÉCORCE D'ORANGE AMÈRE.

On désigne sous le nom d'**Écorce d'Orange amère** la partie externe du péricarpe du fruit, cueilli avant la maturité, du bigaradier dont nous avons déjà décrit la feuille (page 111).

Elle se présente en bandes plus ou moins longues et cassantes, d'autant plus estimées qu'elles sont plus minces et réduites à la partie superficielle, rugueuse et colorée en vert (**zeste**).

Comme le montre la coupe, les glandes à essence sont localisées dans cette partie ; le tissu blanc et spongieux qui constitue la face interne des écorces mal mondées est insipide et inerte et il n'y a aucun avantage à le laisser sur la drogue. On arrive à ce résultat en écorçant les fruits à l'aide d'instruments appropriés.

Les *cellules épidermiques* quadratiques portent de rares et courts *poils glandulaires* pédicellés.

Le *parenchyme* qui constitue la masse du tissu est à petits éléments réguliers vers la périphérie, irréguliers et lacuneux dans la portion moyenne, allongés radialement et traversés par des faisceaux *fibro-vasculaires* dans la couche profonde.

D'immenses *poches sécrétrices* presque contiguës, criblent la portion externe ; les cellules qui les bordent s'ordonnent en couches concentriques et s'exfolient dans la cavité dont elles marquent le pourtour de leurs débris. (Pl. **74**, fig. 154.)

NOIX VOMIQUE.

Nous avons décrit, page 60 (sous le nom de fausse-angusture), l'écorce du vomiquier — *Strychnos Nux vomica* L. —.

La graine, dite **Noix vomique**, de couleur grise, à reflets soyeux, est discoïde, en forme de bouton de guêtres, d'environ 20 millimètres de diamètre.

Les bords, dont l'épaisseur atteint environ 5 millimètres, sont légèrement soulevés en bourrelet.

L'une des deux faces, dite ventrale, est déprimée; l'autre, la dorsale, bombée, offre à son sommet une élevure creusée en son centre (*hile*). Il en part un cordon peu saillant (*raphé*) qui se dirige vers le bord où il aboutit à un petit mamelon (*micropyle*).

Inodore, la noix vomique offre une saveur d'une amertume extrême.

Les cellules externes du *tégument* de dimensions considérables ont un aspect tout à fait caractéristique. Leurs parois fortement épaissies et canaliculées se prolongent à l'extérieur en des sortes de colonnes fissiles. C'est à ces prolongements que la graine doit son aspect velouté.

La couche interne du tégument est à éléments très aplatis, fortement colorés et difficiles à discerner.

L'*albumen* est formé de cellules polygonales à parois épaisses; celles de l'assise la plus extérieure sont plus petites, assez fortement épaissies et affectent une forme prismatique. (Pl. **74**, fig. 155.)

Pl. 74.

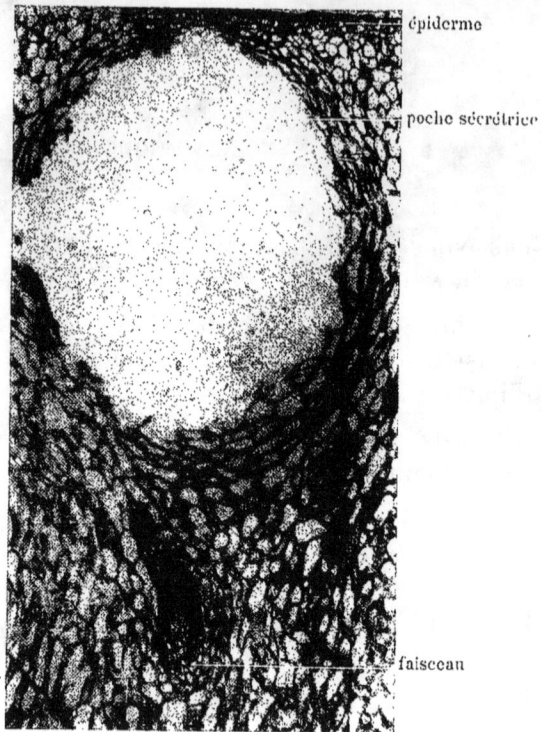

épiderme

poche sécrétrice

faisceau

FIG. 154. — Coupe de l'écorce d'Orange amère.

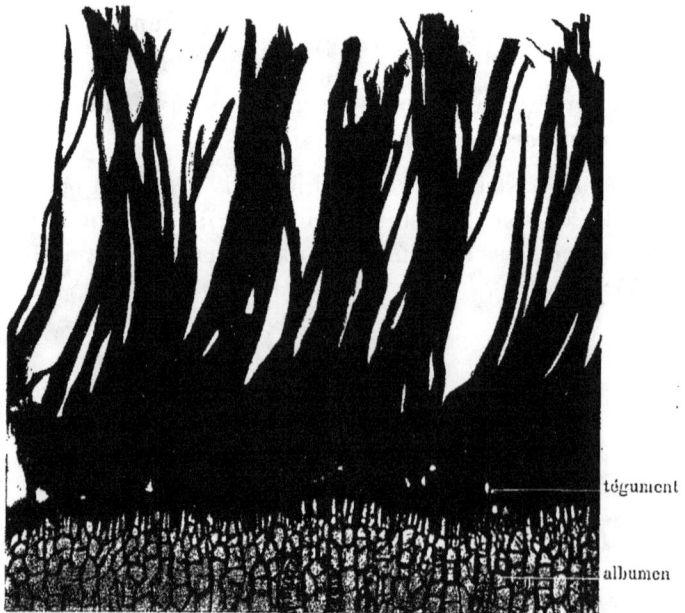

tégument

albumen

FIG. 155. — Coupe de la Noix vomique.

ANIS.

L'Anis vert — *Pimpinella Anisum* L. — (Ombellifères-Carées) est une herbe annuelle, originaire de la région méditerranéenne et cultivée en grand en Touraine et dans l'Albigeois.

Les tiges glabres portent des feuilles polymorphes, d'autant plus divisées, qu'on s'élève vers le sommet que terminent des ombelles composées d'une douzaine de rayons.

Les fruits de couleur vert grisâtre, hérissés de poils, sont ovoïdes, comme ventrus à la base et rétrécis au sommet couronné par le *stylopode*.

Chacun des akènes (*méricarpes*) comprimé latéralement offre cinq côtes filiformes presque égales.

L'*épicarpe* porte des *poils* courts, épais, recourbés au sommet, qui prolongent les cellules épidermiques.

Dans le *mésocarpe* à éléments polygonaux, on trouve dans chaque côté un faisceau *libéro-ligneux* à petits éléments et dans les *vallécules*, ainsi que dans les *côtes* elles-mêmes, de nombreux *canaux oléo-résineux* aplatis (*bandelettes*).

L'*endocarpe* est formé par une assise de cellules plates à parois minces.

Le *tégument séminal* est constitué par une rangée de cellules quadratiques à parois internes épaissies et colorées.

Les cellules de l'*albumen* sont polygonales et renferment de l'aleurone et de l'huile grasse. (Pl. **75**, fig. 156.)

FRUIT DE CIGUË.

On donne vulgairement le nom de Ciguë à plusieurs Ombellifères vireuses et toxiques.

La **Ciguë** officinale ou Grande Ciguë — *Conium maculatum* L. — (Ombellifères-Smyrniées) est une herbe vivace croissant dans les décombres, autour des habitations.

Sa tige fistuleuse, droite et rameuse, tachée de pourpre, porte de grandes feuilles tripinnatiséquées, longuement pétiolées, et se termine par des ombelles composées dont l'involucre est à 4-5 folioles acuminées et réfléchies. Les ombellules nombreuses portent un involucelle à 3 folioles réfléchies et déjetées en dehors.

Les fruits entiers sont orbiculaires, comprimés latéralement, de 2 à 5 millimètres de diamètre.

De consistance cornée et de couleur grise, ils exhalent, surtout quand on les triture avec un peu de potasse humectée d'eau, une « odeur de souris » désagréable et caractéristique.

Ils sont formés de deux akènes (*méricarpes*) qui se séparent facilement. Chacun d'eux, concavo-convexe, offre au sommet un renflement (*stylopode*) et cinq *côtes* ondulées de couleur plus claire que les *vallécules* qui les séparent.

Les parois externes des cellules de l'*épicarpe* sont épaisses et cuticularisées.

Le *mésocarpe* est constitué par un *parenchyme* à petites cellules polygonales, aplaties tangentiellement; celles de l'assise la plus interne (*cellules calicinales*), beaucoup plus grandes, ont leurs parois latéro-internes notablement épaissies et colorées en jaune.

Les cellules de l'*endocarpe* sont cubiques. Elles sont le siège de la conicine ou cicutine, alcaloïde, auquel toute la plante doit son activité.

Dans chaque côte court un faisceau *libéro-ligneux* à petits éléments.

Les canaux résineux (*bandelettes*) qu'on trouve dans tous les fruits d'ombellifères ont totalement disparu dans le fruit adulte de la ciguë.

La graine, en forme de fer à cheval (*campylospermée* D. C.), est recouverte d'un *tégument* à petites cellules cubiques et à parois épaisses.

Les cellules de l'*albumen* sont quadrangulaires et disposées en files radiales; elles renferment des grains d'aleurone et des gouttelettes d'huile grasse. (Pl. **75**, fig. 157.)

Pl. 75.

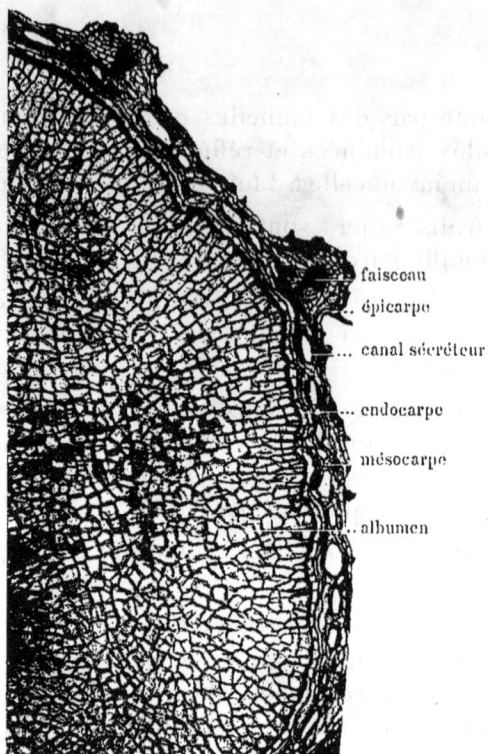

faisceau
épicarpe
canal sécréteur
endocarpe
mésocarpe
albumen

FIG. 156. — Coupe transversale du fruit d'**Anis vert**.

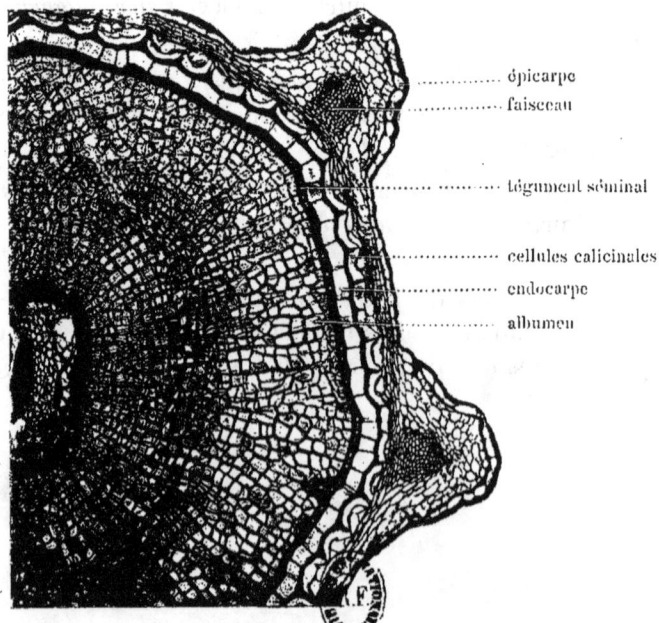

épicarpe
faisceau
tégument séminal
cellules calicinales
endocarpe
albumen

FIG. 157. — Coupe transversale du fruit de **Grande Ciguë**.

CAFÉ.

La découverte du Caféier ou Cafier — *Coffea arabica* L. — (Rubiacées-Coffées) a été longtemps obscurcie par la légende. Le nom même imposé par Linné à l'arbuste précieux consacre une erreur d'origine géographique. Il paraît établi aujourd'hui que le Caféier est originaire de l'Abyssinie méridionale du pays de Kaffa d'où il tire son nom.

Sa culture s'est répandue d'abord sur les montagnes du littoral méridional de l'Arabie (*Moka*), puis dans le sud de l'Indoustan (*Mysore*). Il a été introduit successivement dans les colonies de la mer des Indes, à la Réunion (l'ancienne île *Bourbon*), à Java, aux Antilles (*Martinique*), dans l'Amérique centrale et méridionale (Vénézuéla, Guyanes, Brésil).

Le Caféier peut se cultiver dans toutes les régions tropicales dont le climat se rapproche de celui de son pays d'origine, c'est-à-dire une certaine altitude (au moins 600 m.), un sol en pente, riche et bien arrosé, et une température qui oscille entre 15° et 25°.

Cette culture exige beaucoup de soins, et la graine, avant d'être livrée au commerce, subit des manipulations nombreuses : décortication, pulpation, criblage, lavage, séchage, triage, etc.

Les plantations des Indes ont été ravagées par l'*Hemileia vastatrix*, et l'on a conseillé de substituer au caféier vrai son congénère le *Coffea liberica* Hiern, de la côte occidentale d'Afrique, qui n'est pas sujet aux attaques de ce champignon.

Sur une production totale annuelle de près de neuf millions de quintaux métriques, le Brésil seul en produit cinq millions et les Indes hollandaises plus de six cent mille.

Des sortes autrefois très estimées, telles que le *Martinique*, ont aujourd'hui disparu du marché.

Le *Coffea arabica* L. est un arbrisseau à feuilles opposées et entières, à fleurs axillaires, auxquelles succèdent des fruits *bacciformes* (cerises) renfermant deux *graines*, généralement planesconvexes, marquées d'un sillon médian, longitudinal, sur la face plane.

Les différentes sortes offrent des variations nombreuses de forme, de dimensions, de coloration et de goût. C'est ainsi qu'on distingue dans le commerce du café des formes rondes (*Moka*), ovales (*Rio*), allongées (*Martinique*), pointues (*Bourbon*).

La couleur varie du jaune blanchâtre au gris ardoise ; elle est, en général, jaune pour les cafés de l'Ancien monde, et verte pour les cafés d'Amérique. L'opacité du grain est due au mode de préparation ; c'est ainsi que les cafés lavés sont plus ou moins translucides.

Les dimensions oscillent entre 15^{mm} de longueur, 8 à 10^{mm} de largeur et 5 à 6^{mm} d'épaisseur.

La consistance est cornée.

L'arome et la saveur, *sui generis*, se développent après la *torréfaction*.

Le café et surtout sa poudre sont sujets aux falsifications les plus invraisemblables.

Les caractères organoleptiques et microscopiques permettent de les déceler.

Le *tégument séminal* entoure la graine sous forme d'une *pellicule* translucide qui se détache facilement. On y distingue trois couches, dont la plus intérieure est formée d'éléments caractéristiques. Ce sont des *sclérites*, qui, vus de face, sont irrégulièrement fusiformes aux parois épaisses et ponctuées. (Pl. **76**, fig. 158.)

L'*amande* (albumen) offre un *épiderme* à cellules polygonales aux parois régulièrement épaissies, et un *parenchyme* dont les éléments extérieurs sont à grand axe radial, et les internes plus ou moins aplatis tangentiellement. Ces éléments ont des parois épaisses et rayées comme variqueuses sur la tranche. (Pl. **76**, fig. 159.)

Pl. 76.

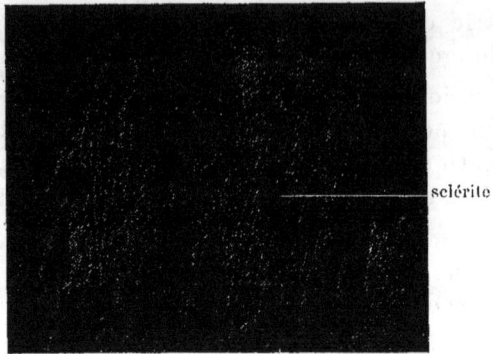

sclérite

Fig. 158. — Pellicule du **Café**.

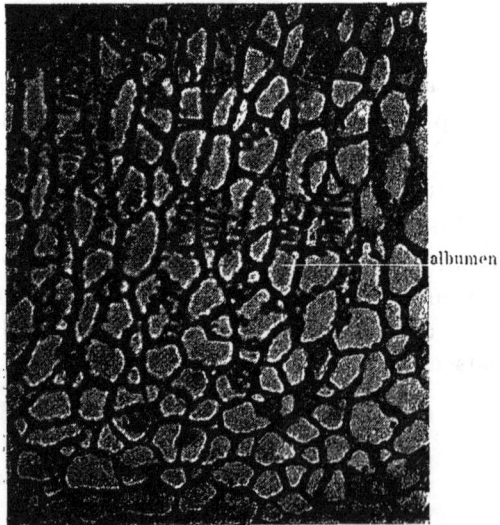

albumen

Fig. 159. — Coupe transversale du grain de **Café**.

TABLE DES PLANCHES

SÉRIE III. — **Tiges, écorces et bois.**

SÉRIE V. — **Fruits et Graines.**

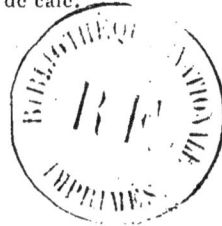

Index alphabétique

IMPRIMERIE E. CAPIOMONT ET Cⁱᵉ

PARIS

57, RUE DE SEINE, 57

www.ingramcontent.com/pod-product-compliance
Lightning Source LLC
Chambersburg PA
CBHW062214270326
41930CB00009B/1737